JN071283

# ヤングケアラーの理解と支援

～見つける・理解する・知ってもらう～

仲田 海人 編著者代表
門田 行史 編著者

学事出版

# はじめに

ヤングケアラーとは、家庭内で慢性的な病気や障害を抱える親や兄弟姉妹や幼い兄弟等を支えるために、日常的にケアやサポートを提供する子どもや若者のことを指します。近年の全国調査ではクラスに１～２人のヤングケアラーがいるそうです。傍にいる患者を診察している子どもの総合医である小児科医ができることがあるのでは？と思い、試行錯誤の中で支援に取り組む中、様々な専門家の先生方からアドバイスを頂きました。アドバイスはヤングケアラーの気持ちを受け止める、支援の仕方、ヤングケアラー全般の知識、さらに、メンタルヘルスにまで多岐にわたりました。そのような素晴らしい出会いと学んだことを多くの方と共有したいと考え、この本の執筆という発想に至りました。

第１章では「ヤングケアラーの気付き方」を、第２章では「ヤングケアラーの支援の仕方」について紹介します。ケアラー当事者やヤングケアラーの支援に取り組んでいる一般社団法人（CAN協会）やNPO法人（カタリバ）、学校関係者（養護教諭、スクールカウンセラー、スクールソーシャルワーカー）、フリースクール関係者、病院関係者（作業療法士、小児科医師、メディカルソーシャルワーカー）、ADHD等発達障害支援のNPO法人（えじそんくらぶ）など、様々な専門職の方にお願いし、それぞれの立場から紹介していただきました。

各専門家には、特に以下の２点についてお願いしました。まず、ヤングケアラーを見つけるタイミングについてです。病気と異なり、早期であっても必ずしもよいわけではなく、ヤングケアラーの心情に寄り添った最適なタイミングを見極めることが重要です。そのため、専門家の経験と知識を踏まえて、ヤングケアラーを見つけるための具体的な方法やサインについて紹介しています。発見するタイミングを示す青信号、黄色信号、赤信号という少し抽象化したタイムラインを用いてより実践的な内容について紹介しています。そして、見つけた後には各専門職の方同士の連携方法が重要なテーマとなります。明日すぐに支援に活かせるよう、実践的な連携方法や情報共有の仕方について具体的に記載しています。これにより、ヤングケアラーが必要な支援を円滑に受けられるような体制を構築することを目指しています。

第３章ではヤングケアラーについて概観します。「ヤングケアラーを知ってもらう」と題してヤングケアラーと実際に向き合うために知っておきたいことをお伝えします。日本におけるヤングケアラーに関する体制づくりや現状の課題、比較等について、子ども家庭庁の担当者から解説頂きます。また、英国で上手くいっている学校内の仕組みや、日本で取り組まれているヤングケアラーについて、最新の成果を研究者の先生方に紹介いただきます。

最後に、コラムとしてヤングケアラーの小児期逆境体験、レジリエンス、ストレス反応など、あまり書籍で取り上げられていない内面的な部分について精神科医や公認心理師の先生方に解説頂きます。

私が目指す小児医療は家族丸ごと支援です。家族丸ごと支援は、個々の家族メンバーの健康や福祉を向上させるだけでなく、家族全体の絆やサポート体制を強化する包括的な仕組みを指します。ヤングケアラー支援の先進国である英国では、ヤングケアラーの存在や彼らが抱える課題が早くも1990年代初めに認識され、政策の整備を進めました。1990年代以降、政府や関連機関がヤングケアラーの支援に取り組む方針を打ち出し、その後の法律やガイドラインの制度化に向けた準備が整えられました。その結果、医療、福祉、教育などの関連機関や専門家が緊密に連携し、家族丸ごとの支援を行う体制が整備されています。日本においても多様な専門家が協力してケアプランを立案し、家族全体のニーズを包括的に考慮する家族丸ごと支援の構築が必要なのではないでしょうか。

この本を通じてヤングケアラーの支援に少しでも役に立てれば幸いです。

なお、本書で取り上げる事例は、ケアの状況をわかりやすく伝えるため、実例を複数組み合わせて構成した架空のものであることをお断りしておきます。

2023年８月１日

門田行史　小児科医

# 目 次

# 第1部

# ヤングケアラーを見つける

# 第1章 「ヤングケアラー」とは

■ 仲田海人 ■

## 1.「ヤングケアラー」と「ケア」について

「ヤングケアラー」とは、法律上の定義はありませんが、本来大人が担うと想定されている家事や家族の世話などを日常的に行っている子どものことを言います。

こども家庭庁「ヤングケアラーについて」
出典：https://www.cfa.go.jp/policies/young-carer（2024.3.15参照）

こども家庭庁（厚生労働省からこども家庭庁に移管）はHP上でヤングケアラーを「本来大人が担うと想定されている家事や家族の世話などを日常的に行っている子どものこと」としています。また、「責任や負担の重さにより、学業や友人関係などに影響が出てしまうことがあります」とも記載しています。一方日本ケアラー連盟はHPにて「家族にケアを要する人がいる場合に、大人が担うようなケア責任を引き受け、家事や家族の世話、介護、感情面のサポートなどを行っている（18歳未満の子どものこと）」としています。国の示す定義と日本ケアラー連盟の示す定義の表現は異なりますが、伝えたい内容は概ね同じと解釈してもよいと考えられます。ただし、国の定義しているものには「学業や友人関係に影響が出てしまうことがある」という視点が国では強調されており、子どもの生活への影響をどのように解釈するかが、今後社会的な議論になる部分かと思います。特に18歳という表現は国の示す表現から厚生労働省からこども家庭庁へ移行前に削除されました。

そもそも、ヤングケアラーの中で扱われている「ケア」とはなんでしょうか。モバイル版『広辞苑』ではケアを「介護」「世話」「手入れ」としています。従来の「介護」のイメージは社会一般にも理解されている部分かと思います。では「世話」とはなんでしょうか。同じく『広辞苑』では「人のために尽力すること。面倒をみること。また、面倒をかけること」としています。ここには、介護よりも広い解釈の「尽力すること」も含まれてきます。そのため「気遣う」などの客観的にはわかりにくい部分も含めて「ケア」と捉えることも可能でしょう。とすると、人間にとって「ケア」とは、「ヤングケアラー」とは決して特別な事であったり、必ずしも忌避する事ではないということも言えます。だからこそ、イラストにあるような例以外はケアに含まれないのではなく、本来は非常に広い定義であることも踏まえて考える必要があります。では、果たしてその広義の“ケア”として全ての家庭に支援が必要なのでしょうか。決してそうではないという点を意図して、国は限定的に「学業や友人関係に影響が出てしまうことがある」と表現しているのだと思います。

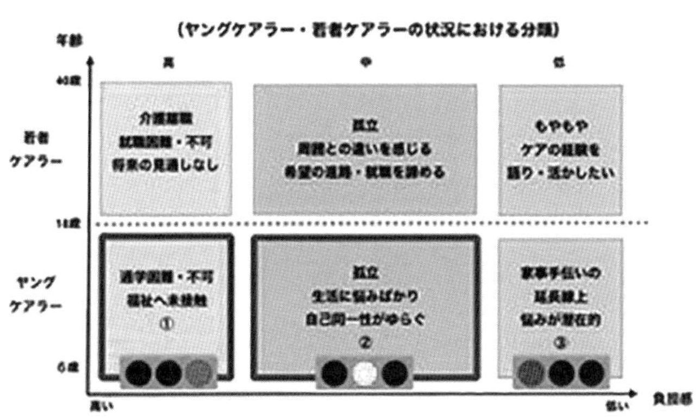


栃木県ではヤングケアラーの状況を大きく３段階の信号に別けて分類しています。青信号は「子ども自身が納得して日常生活や健康に支障のないレベル」黄信号は「子ども自身や家庭のバランスが変化することで子どもの希望

する日常生活が送れなかったり健康に支障が出始めているレベル」赤信号は「既に要保護児童対策協議会など行政の目が行き届いている家庭」としています。赤信号に含まれるような貧困や虐待、ネグレクト、不登校などの状況は既に社会問題として認知されていますが、新たな社会問題として「ヤングケアラー」に注目が集まってきたのは青信号から黄信号へ移行する子どもの発見、すなわち進路の選択や子どもの状況下の捉え方への変化があり、家庭の問題と自分の将来を天秤にかけて葛藤している子どもがいることへの気付きから始まったと私は推察しています。繊細な子どもの気持ちの変化に周囲の大人はついていけずにケアの状況を継続する以外の選択肢を示せない状況は避けなければなりません。

だからこそ、広義の意味での「ケア」である青信号のヤングケアラーに関して大人の介入は時に過剰なお節介になりかねません。子どもの状況や感情の変化に合わせて併走する大人が社会には必要なのです。

## 2．新たに注目されている「若者ケアラー」とは

「若者ケアラー」について、日本ケアラー連盟は「18歳～おおむね30歳代までのケアラーのこと。ケアラーに含まれますが、若い世代には、進学や就職、キャリア形成、仕事と介護の両立、人生設計など、若い世代固有の課題があります。ケアの内容はヤングケアラーと同様ですが、ケア責任がより重くなることもあります。ヤングケアラーからケアを継続している場合と、18歳を超えてからケアがはじまる場合とがあります」としています。しかし、ヤングケアラーのように国はこの言葉を定義していません。そのため、この言葉が何を指しているのか、使用する際には暫定表現であることを理解する必要があります。

ここでは、日本ケアラー連盟の定義に沿ってこの言葉が使われるようになった経緯を考察して行きます。そもそも、子どもとして扱われる、ヤングケアラーの枠を超える年齢18歳になった後、家庭の状況は自動的に改善していくのでしょうか。高校３年生の頃に18歳を迎え、卒業し就職や進学などの選択は、その後の人生設計に関わる大きな決断を迫るものであって、子どものライフステージが進んだとしても家庭のケアが必要な状況そのものは18歳を機に明らかな変化をむかえるとは限らないのです。このような経緯があり、ヤングケアラーの話題が議論されてきた中で元ヤングケアラーや葛

藤の渦中にいる大人になったケアラーたちから「ヤングだけでいいの？」という声が上がってきました。その声に応えて「若者ケアラー」という表現が一部使われるようになってきたのだと私は理解しています。特に自分の経験してきた歴史を振り返り感情を整理したり、恋愛や結婚、子育てなどの若者ケアラー特有の悩みは確かに存在すると思います。ただ、個々に葛藤や受容のタイミングは個人で大きな差があるため、ヤングケアラーと同様に一律に個人を見ないことが大切です。

## ３．ケアの必要になる多様な状況

ここでは、こども家庭庁や日本ケアラー連盟がイラスト化しているヤングケアラーの状況をベースに記載します。先述したようにこの状況以外でも「気を遣う」状況は多様にありますので、「これは定義に当てはまらない」と決めつけるのではなく、子どもそのものが「どう思っているのか」という今の状況と感情に寄り添うことが大切です。

**①幼いきょうだいのケア**

何かしらの理由で弟や妹の世話をしなければならない状況を指します。子育てに参加する内容と時間は多様であり、お手伝いか否かの線引きは保護者と子どもで認識の違いが出やすい特徴があります。国の調査では最も多い結果となっていますが、弟や妹の自立度の向上に伴い変化があるためか、年齢とともに減少傾向です。親の就労などにも関係してきます。

**②障害のあるきょうだいのケア**

障害を理由にきょうだいへの特別な見守りや係わりが必要なケースです。癇癪や危険の回避、医療的支援など家庭そのものへの社会的なサポートが不足しているからこそ発生しているケアの状況と言えます。地域の福祉資源に適切に繋がれない場合には、大人になってもケアの状況が変えられない可能性が高いと言えます。

**③親のケア**

精神疾患や身体障害などをきっかけに、家事や服薬、傾聴、見守り、身体介護など多様な状況があります。国の調査ではきょうだい支援の次に多い結果が出ました。精神疾患や神経難病、若年性認知症など子育て世代の親が罹患する可能性のある疾患が考えられます。また、祖父母をケアしている親の代わりに家庭の役割を担うなどの状況も考えられます。障害のあるきょうだいと同様、地域の福祉資源の有無に左右されやすい特徴があります。

**④祖父母のケア**

祖父母のケアは３番目に多いとされています。「介護」のイメージである祖父母の介護は子どもを中心としてみると従来の介護と異なる視点が要求されます。介護福祉サービスは自己負担の課題があるため経済的な課題と重複することもあり得ます。

**⑤経済的ケア**

家計を支えるために、働いている状況を指します。家庭も支えるためには欠かせない存在となり、その他の状況と重なることもあり、複合的な要因で働く選択をしていることもあります。

**⑥外国ルーツの家族へのケア**

外国をルーツとするために家族や親戚から通訳などの言語的・文化的仲介を求められる状況を指します。家族の住居している地域の共通言語を話せない場合には、各関係機関の対応に大きく左右されます。面談や手続きのために学校を休んで窓口に行くというケースが報告されています。教育そのものの考え方も文化・宗教の視点に立つと多様であるため、対応する地域社会の柔軟さが求められるでしょう。

（栃木県ケアラー支援推進協議会委員　とちぎきょうだい会運営　一般社団法人Roots4理事）

コラム

# 1

## 家族療法と家族システム論、「家族」の変遷

家族療法は、家族全体を一つの有機体として捉える「家族システム論」に基づいた心理療法であり、1950年代に欧米で始まり、1970年代に日本に導入された。家族療法では家族内で症状や問題を抱えている人は「IP：Identified Patient」と呼ばれ、IPの抱える問題は個人の問題ではなく、その家族の問題がIPに現れたと考えられる。家族メンバーの中で繰り返される問題はIP個人の問題ではなく、家族システム上の「円環的因果律」に原因があるとされる。円環的因果律とは、原因と結果が鶏と卵の関係のように繰り返され、解決されにくい円環的関係のことで、原因と結果が直接つながる「直線的因果律」とは異なる。ベイトソンのダブルバインド理論の流れを汲むコミュニケーション学派や、ミニューチンらの構造学派等様々な学派がある。

家族療法が重要な心理療法であることに変りはないが、戦後、世界中で家族の在り方が急速な変化を続けてきていることは併せて注視していくべきであろう。終戦直後の日本では「伝統的イエ」と「近代的核家族」のどちらを選択するかという問題が起きた（山田、2017）。それが、1960年代にはパーソンズの役割理論に基づき、「性別役割分業型核家族」が理想の形態となり、家族問題は社会制度上の問題というより個人の問題に移行していった。そして家族療法の隆盛が始まる1970年代に「家族病理研究の一時代（清水、1998）」が到来する。適齢期という社会通念のもとに大半の成人が結婚し、専業主婦率がピークを迎えたのは1975年前後である。しかし、1980年代にはすでに核家族パラダイムが疑問視され「家族の多様化論」が展開される。そして現在の私たちは未婚化や少子高齢化を課題とする社会にいる。山田は「核家族」というあり方は標準とはなりえず、家族問題研究における現場の意味が変更を迫られていることを指摘し、個人の欲求と家族形勢・維持の矛盾について言及したうえで「現場の声を聴くこと」「当事者」に寄り添った研究が重要になるとしている。家族問題研究は今後この方向性で議論が発展して行くと考えられる。

加茂登志子

# 第2章 日本の動向と支援の基本

■ 仲田海人 ■

## 1．実際の支援の際に重要なポイント

厚生労働省は令和４年４月に「多機関・多職種連携によるヤングケアラー支援マニ ュアル（令和３年度子ども・子育て支援推進調査研究事業）の周知への御協力について」を発表しました。

そこでは、以下のフローチャートが示されています。支援の流れとは別に日頃から顔の見える連携体制作りや啓発活動、研修などの人材育成を並行して行っていくことが連携時の下支えになります。

図表７　ヤングケアラー支援の一般的なフロー

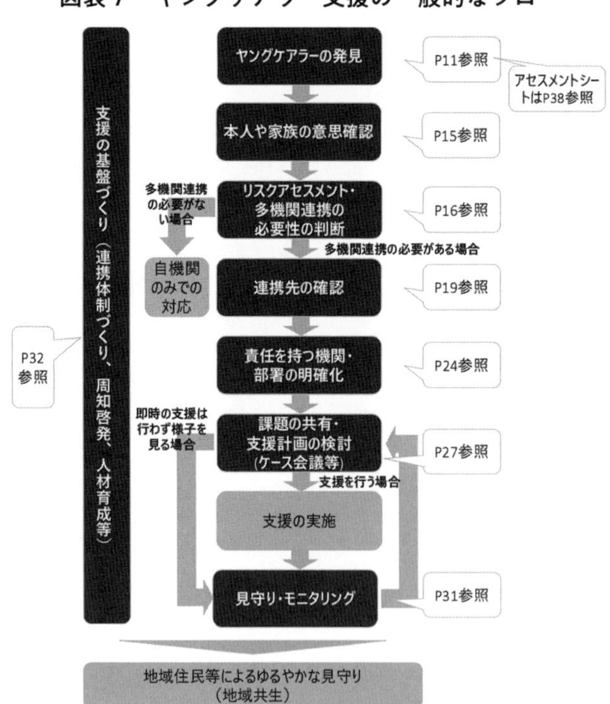

### ①「ヤングケアラーの発見」

厚生労働省は教育、保育、高齢福祉、障害福祉、生活保護・生活困窮、医療、地域、就労の領域に分け気づきの視点をマニュアル化しています。支援マニュアルの中で、各機関で関わる子どもの中で気になった子どもをみつけた際にはアセスメントシートの活用を勧めています。また、ケアが必要な人とヤングケアラーを取り巻く家族全体の情報を整理するときにはエコマップの作成も事例を通して紹介しています。

**\ point！/**

- 各関係機関にはこれまでと異なる見方と協議できるネットワークの二つが重要です。既存の業務からはみ出した行動を取ることは容易ではないと思います。そのためこの点が困難な場合、行政としての地域啓発活動や事例の有無に関係なく課題を共有できる機会を推進する取り組みが必要になってきます。官学連携の地域協議体の運営の事例は「12. 事例検討会と役割分担」をご覧ください。
- こどもの話を「どこで」「誰が」「どのように」聞くかが重要です。日頃から関係性を築きながら子どもの安心安全が確保できている環境で話を聞きましょう。学校現場での配慮の具体的な工夫は「4．学校でできること」「5．学校から誰につなげるか」をご参照ください。医療現場での配慮の工夫は「7．医療現場にできること」、地域や福祉期間からできる配慮は「8．地域にできること」を参照ください。
- ここで勧められているアセスメントシートは量的指標（数字で段階を示すもの）ですので、質的指標（こども実際の語り）も併用して受容の段階やメタ認知能力について分析することが今後の関わりに有効になると思われます。子供の心理を理解した関わりが大切であるため『NGワードと対応・OKワードと対応』をご参照ください。

## ケアの内容と量・ケアの影響を測定するアセスメント項目

### 自分がしているケアの仕事

| MACA-YC18 |
|---|
| まずこちらを記入して下さい |
| 名前のイニシャル________ |
| 生年月日________ |
| 今日の日付________ |
| ヤングケアラー・サービスの名前 |
| ________________ |

以下は、家族を手伝うためにヤングケアラーがしている、
いくつかの作業です。この1か月にあなたがしたことを考えてみて下さい。
それぞれの項目を読んで、あなたがこの1カ月にそれらの仕事を
どれぐらいやったかを示すために、当てはまるものに○をして下さい。
よろしくお願いします。

| | 全くしなかった | 時々した | よくした |
|---|---|---|---|
| 1 自分の部屋を掃除する | | | |
| 2 他の部屋を掃除する | | | |
| 3 お皿を洗う、または食器洗い機に入れる | | | |
| 4 部屋を飾りつける | | | |
| 5 食べ物の買い出しの責任を持つ（つまり、買い物リストを考え、それを買う） | | | |
| 6 重いものを持ち上げたり運んだりするのを手伝う | | | |
| 7 家のお金に関すること、たとえば請求書を処理したり、銀行にお金を出し入れしたり、福祉手当などを受け取ったりするのを助ける | | | |
| 8 家にお金を入れるためにアルバイトをする | | | |
| 9 あなたがケアしている人のために、通訳をしたり、手話や他のコミュニケーション手段を使ったりする | | | |
| 10 あなたがケアしている人の衣服の脱ぎ着を助ける | | | |
| 11 あなたがケアしている人の洗面を助ける | | | |
| 12 あなたがケアしている人の入浴やシャワーを助ける | | | |
| 13 あなたがケアしている人につきあい、たとえばそばに座ったり本を読んだり話しかけたりする | | | |
| 14 あなたがケアしている人が大丈夫か確認するために見守る | | | |
| 15 あなたがケアをしている人を外に連れ出す（散歩や友達や親戚に会うためなど） | | | |
| 16 きょうだいを学校に送っていく | | | |
| 17 他の大人がそばにいる状態できょうだいの世話をする | | | |
| 18 自分一人できょうだいの世話をする | | | |

MACA−YC18


Developed for Carers Trust by Young Carers International Research and Evaluation,
School of Sociology and Social Policy. University of Nottingham, University Park, Nottingham NG7 2RD.

# ケアが自分にどう影響しているか

| PANOC-YC20 |
|---|
| まずこちらを記入して下さい |
| 名前のイニシャル________ |
| 生年月日___________ |
| 今日の日付__________ |
| ヤングケアラー・サービスの名前 |
| _________________ |

以下は、あなたのようなヤングケアラーが、誰かを世話することをどう感じるかについて言った事柄です。それぞれの内容を読んで、それがどれぐらいあなたに当てはまるか、合うものに○をつけて下さい。正しい答えなどはありません。ケアによってあなたの生活がどうなっているかを知るためだけのものです。
よろしくお願いします。

| | 全く感じない | 時々感じる | よく感じる |
|---|---|---|---|
| 1　ケアをすることで、良いことをしていると感じる | | | |
| 2　ケアをすることで、その人を助けていると感じる | | | |
| 3　ケアのために、家族の絆が強まったと感じる | | | |
| 4　ケアをすることで、自分に自信を持つようになった | | | |
| 5　ケアのせいで、嫌なことをしなくてはならないと感じる | | | |
| 6　ケアのために、ストレスを感じる | | | |
| 7　ケアをすることで、役立つことを学んでいると感じる | | | |
| 8　ケアをすることで、両親が自分のことを誇りに思っていると感じる | | | |
| 9　ケアのせいで、逃げ出したいと思う | | | |
| 10　ケアのために、とても孤独だと感じる | | | |
| 11　ケアを通して、自分には対処できないと思う | | | |
| 12　ケアのせいで、自分のしなくてはならないことが常に頭にある | | | |
| 13　ケアのために、耐えられないほど悲しいと感じる | | | |
| 14　ケアのために、自分のことはあまり気にかけていない | | | |
| 15　ケアをすることで、自分が好きになった | | | |
| 16　ケアのせいで、人生は生きる価値がないように思う | | | |
| 17　ケアのために、十分に睡眠をとれていない | | | |
| 18　ケアをすることで、問題に前よりうまく対処できるようになったと感じる | | | |
| 19　助けているのが気分が良い | | | |
| 20　ケアをすることで、自分が役に立っていると感じる | | | |

PANOC−YC20

\ point! /

・エコマップとは？

家族へあたり前のようにケアを期待しない視点が大切ということです。ジェノグラムは関わる支援者とも認識してそれを誘導する側面があるのです。

それ故に医療福祉の分野の支援者はジェノグラムの考え方に縛られている場合があります。しかし、現在はエコマップの活用も進み始めています。ジェノグラムでは「キーパーソン」として家族の誰かにケアの責任を負わせてしまう思考が働きやすかったですが、エコマップのケアを家族の中で行う前提で思考しないことの気付きに繋がります。

**○ジェノグラム作成例**

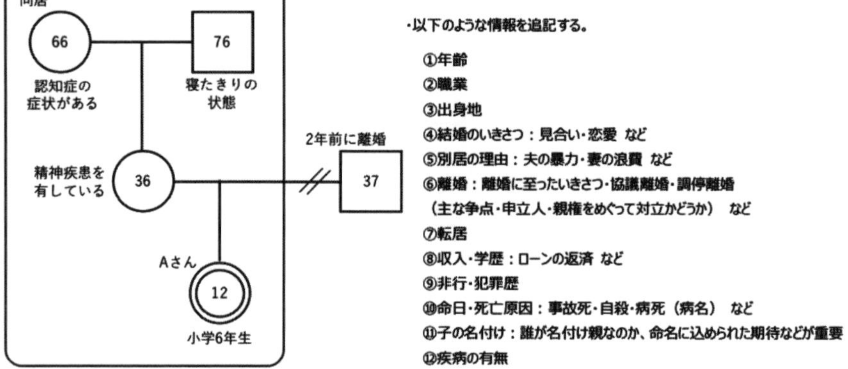


**【エコマップ】**

**○エコマップの書き方**

・凡例

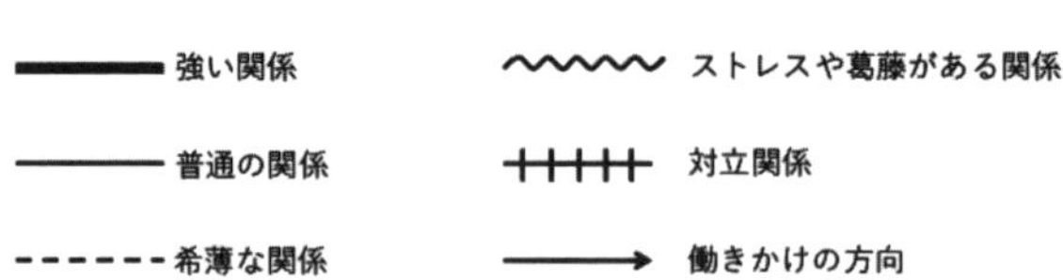


・公的機関だけでなくインフォーマルで関わりのある資源も記載する

・わかりやすさのために、線の太さを変えたり、色を変えたりして表現すると良い

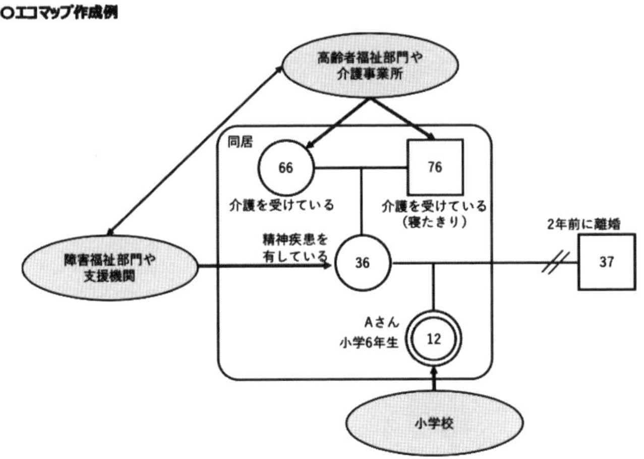


## ②「本人や家族の意思確認」

本人とその家族と直接話す機会です。日本各地では一部支援策が講じられてきていますが、ここで家族の理解に苦心する事例があるとのことです。

**＼point！／**

- 子どもの権利を主張するあまりに、家庭批判と受け取られ親の不快感を招く危険性を考慮しつつ「家族全体がケアラーとしての葛藤を抱えている」ことを意識した関わりなど一定の専門性は問われてくると言えます。ここで実務者としても経験を持つメンター育成の視点が大切になります。
- 家族に家庭の状況を第３者から伝えられ直面化した前後の家族内力動の変化には注意を払う必要があります。親の子どもへの対応の変化や捉え方の変化も生じるタイミングでもあるので、家族全体の気持ちの変化に関係各所が向き合っていく姿勢が問われてきます。直面化させるだけではく傾聴と共感の視点が大切です。ピアサポートやメンターの役割が機能するタイミングでもあります。

## ③「リスクアセスメント・多職種連携の必要性の判断」

①②を受けて重大な権利侵害はないかを判断、緊急対応が必要かどうかを検討する段階でもあります。この段階では多職種連携を実行するに当たり、リスクを特定機関のみが判断するとなると非常に主観的な判断が出てくるため①のアセスメント段階で、こどもの健康への影響について判断できる基準

を設定していることが重要になります。

＼point！／

・多職種連携に動く前に個人情報の取り決めにおいて自治体の基準に合わせて連携を取る際の同意を得ることが重要になります。
・電子アプリ化することで評価判定の業務効率化によって現場負担の軽減が期待でき、連携が必要になった際の定型化された情報共有が可能になり、水準の確保に繋がります。

**④「連携の必要性の判断」**

ここで、初めてネットワークを形成するのではなく、ソーシャルワークの視点が大切になります。連携の必要性の判断については、これまで通りに自機関で抱え込む結果にも繋がりやすいため③でのリスクアセスメントの精度で左右させる部分であると言えます。

＼point！／

・自機関で解決ができるかどうかの判断そのものに迷いがあるときには積極的に連携を図っていく必要があります。ヤングケアラーも家族も支援機関そのものが課題を抱え込まないことが「ケア社会化」に繋がります。
・自治体によっては「ヤングケアラーコーディネーター」の採用もありますが、学校現場での連携の基本はスクールソーシャルワーカー（SSW）が連携の起点になると考えられます。自治体毎のルールがあるとは思いますが実際の事例としては「11. コーディネーターの役割」をご参照ください。

**⑤連絡先の確認**

フォーマルな制度上の社会資源とインフォーマルな地域の民間の取り組みを双方活用していく必要があります。これまでの業務で関わったことの無い機関と連絡を取り合う関係性作りが求められます。

＼point！／

・全ての事例を考えると多機関との連携は業務的負担や心理的不安が大きいかもしれません。しかし、一事例ずつ丁寧にこれまで関わったことのない機関やそこのスタッフと関わることによって互いに新たな視点を得られたり、他機関と重複している業務に気づいたり、次に似た連携が必要な事例があった場合にはスムーズな連携がとりやすくなります。連携する機関の人々も１つの事例ずつを通して支援の成功体験を共有していく必要があります。

### ⑥責任を持つ機関・部署の明確化

マニュアルの中では「責任」となっていますが、ここで言いたいのは「役割」の明確化であると思われます。旗を振って関係機関を先導しつつ総合的にマネージメントをする意識を持って動く機関など自治体の方針や地域資源の差によって役割は大きく異なるため、それぞれの地域独自のネットワークの形成とそれに伴う調整・マネージメント役の選定が必要になってくるでしょう。

**\ point! /**

機関の役割が固定化すると役割に沿った業務をこなすだけになってしまう危険性があるので、そのときに関係する機関の中で決定し推進していくほうが流動的にヤングケアラーやその家族に沿った支援ができると思います。固定化するとしたら役割を明確化することで新設され推進されている「ヤングケアラーコーディネーター」の選択肢の一つとして組み込むこともよいでしょう。

### ⑦支援の実施

各関係機関がそれぞれに独自に担える役割と情報共有や連携を取りやすい顔の見える関係状況を作ることが大切です。必要に応じてケース会議等、課題の共有や支援計画の検討機会が必要です。現行制度では各関係機関が連携を実施したとしても、報酬がないため、業務効率化によって負担を軽減し、今後国や自治体独自のサポートが必要になってきます。

**\ point! /**

福祉総合相談、SSW、ヤングケアラーコーディネーターなど自治体の取り組みの中で橋渡しを担う専門職が存在します。これらの人々が率先して地域ネットワークづくりを推進します。「5.学校から誰につなげるか」「12.事例検討会と役割分担」をご参照ください。

**⑧見守り・モニタリング**

支援して終わりではありません。その後、時間の経過とともに進学や就職など、子どものライフステージの変化やケアの内容の変化が起こります。家庭の中の様子が時間の経過と共にどう変化したか、こどもを取り巻く家庭環境全体を見直す機会が必要です。

**\ point! /**

各関係機関がそれぞれ、一度立てた計画に対してやりっ放しになることがあります。自分たちの計画と全体を振り返る機会を意識的に作ることが重要です。ケースカンファレンスなどを通して積極的にコミュニケーションを図っていきましょう。

## 2．支援マニュアルについて

こども家庭庁のHPには、アセスメントツールの研究が掲載されています。ヤングケアラーの支援に係るアセスメントシートの在り方に関する調査研究（有限責任監査法人トーマツ）から、以下に引用し皆さんと共有します。さらに、アセスメントシートを現場で実際に使用する上での視点で検討させていただきます。

### 1）各種ツールと支援の流れ

大きな流れとして、①気づく、②緊急性の確認、③こどもの信頼関係構築（こどものニーズ表出)、④支援へのつなぎがあります。全国的には啓発活動が実施され始めこどもに関わる大人が①気づくところから始まっていると考えられます。しかし、気づいてから支援に移るための判断基準に悩んでいるという現場の声を私は多く聞きます。客観的な情報（世話の時間や量を基準にするのか、子どもそのものへの心身への影響を基準にするのか、将来の選択肢が狭まるかなど）を基準にするのか、現状は現場の判断や基準を作りで行っている事かと思われます。しかし、ここでのガイドブック全体にもありますが、こども自身の主観（価値観や捉え方、想い）が大切であると私は考えています。それを適切に傾聴し今後の支援に反映できるかは一定の専門性が必要かと思います。

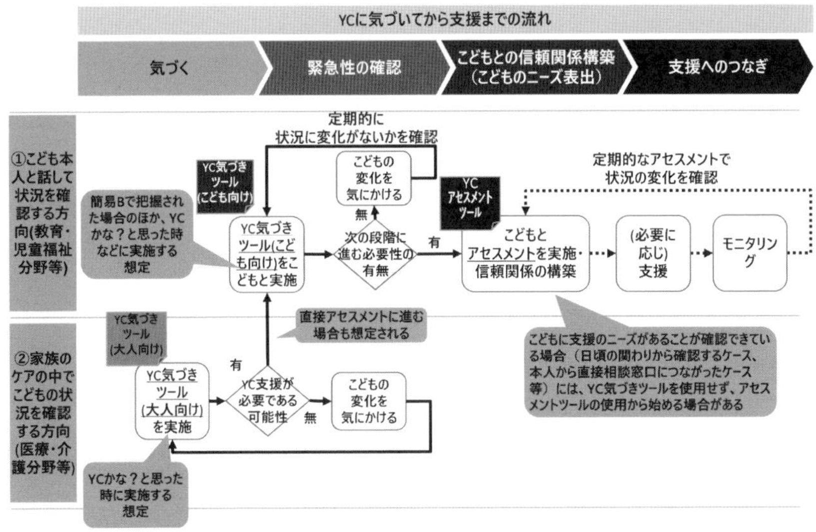


## 2）各種ツールを使用する際に守ってほしいこと

面接的に行うことよりも、日々の関係性があり、その延長線上で安心安全が担保された環境状況での対話が大切です。ツールの内容をみる前の心構えとして確認いただけると良いと思います。

○ 各種ツールを活用してこどもから話を聞く際は、必ず以下の点に目を通すようにしてください。こどものためを思っての行動が、かえってこどもを傷つけることにならないよう、ご理解の程よろしくお願いします。

○ **YC に関する理解が十分ではないと感じる場合は「1.1 ヤングケアラーとは」、「1.4.3 図表８：元 YC の声」、「付録 2.ヤングケアラーに関する基本事項」に目を通す**（各種ツールを用いて YC と思われるこどもと接する場合は、YC に関する基本事項の理解が重要です）

○ こどもに話を聞く際に、「**話を聞く目的**」、「**話をするとこの先どうなるのか**」、「**こどもから聞いた話を、こどもの同意なく第三者に話さないこと**」を伝え、同意を得たうえで話を聞く（信頼していた大人に話したつもりが、本人の同意なく第三者に共有されてしまうことで心を閉ざしてしまうこどももいることを理解する）

○ **YC の気持ちに寄り添う**

➤ YC である**こども・家族の尊厳を大事にし、これまでの取り組みに対して敬意を払う**（こどもやその家族の価値観を受け止める）

- ➤ YCである**こどもの事も、ケアの対象となる家族の事も、ともに大事な存在**だと考え、心配している、という姿勢を持つ
- ➤ **支援につなげることを焦らない**（緊急の場合を除く）
  （会って**話をする回数をできるだけ多く**し、**日常的な会話の延長で少しずつ尋ねていく**ことが望ましい）
- ➤ こどもと同じ目線での**「対話」の姿勢**を持つ(決めつけや、予断を持って相手を見ない)
- ➤ **信頼関係が深まっていく中で、ようやく明らかになることがある**ことを意識しておくこと
  （最初は本音を語らない、語れない場合がある）

○ **こどもに話を聞く際は、一つ一つの項目を尋問のように形式的に聞き取らない**

○ **各種ツールにあるすべての項目を必ず聞き取る必要はないことを理解する**
（他機関で既に情報を持っている可能性もあるので、無理に聞く必要はありません）

○ **家族のケア、お手伝い自体が悪いこと、という誤ったメッセージがこどもに伝わらないよう留意する**

### 3）YC気づきのルール（子ども向け）

マニュアルでは教育・児童福祉機関等で、こどもに直接関わる大人向けに使用するツールとされています。これまでの業務の中でこどもたちに直接関わってきた関係機関として、家庭環境やケースの家庭全体の見直しの視点としても活用できるかと思います。特に、このツールはこどもに直接話を聞くため使用する大人は事前に質問そのものへの目的や考える視点への十分な理解が大切になっていきます。全てを確認するだけではなく、ポイントを絞って質問する方法も目的の中では触れられています。医療の現場でも、十分に面接等時間を作ってアセスメントの視点で活用できると考えられます。

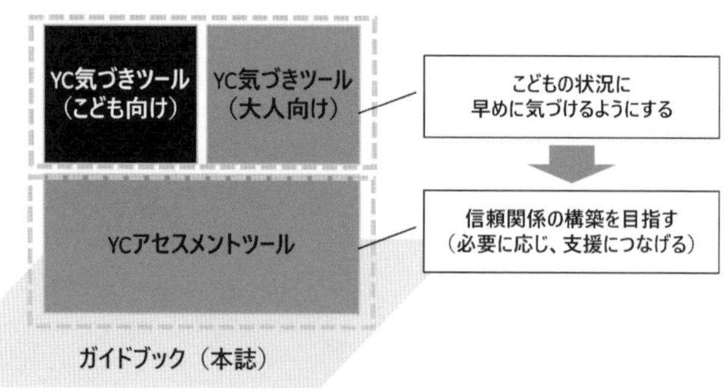

## 4）YC 気づきのルール（子ども向け）の目的と視点

| | | ヤングケアラー気づきツール（こども向け）質問項目 |
|---|---|---|
| 1 | | あなたは、（大人の代わりに、）家族（病気や障がいのある家族、高齢の家族、幼いきょうだいなど）のお世話や気持ちを聞くなどのサポート、家の用事などを日常的にしていますか？ |
| | ① | （更問）家族のお世話や気持ちを聞くなどのサポート、家の用事のために、自分のこと（遊びや勉強、部活など）が後回しになることがありますか？ |
| 2 | | なにか困っていること、心配や不安になったりすることはありますか？（家族のこと、友達関係のこと、勉強のこと、学校のこと（遅刻、早退、欠席など）、将来のこと、生活のこと（食事や睡眠）、お金のこと、何でも） |
| 3 | | 自分のための時間（遊ぶ、勉強する、部活動に参加するなど）がない、または、少ないと感じたりすることはありますか？ |
| 4 | | 体調が悪くなったり、疲れてしまったり、こころが苦しくなることはありますか？ |
| | ① | （更問）食べられなくなったり、眠れないことはありますか？ |
| | ② | （更問）逃げ出したい、消えてしまいたいと思うことはありますか？ |
| 5 | | あなたの周りに、あなたの気持ちを理解してくれる人や相談できる人はいますか？ |
| | ① | （更問）その人に相談したことはありますか？ |
| 6 | | 家族のお世話や気持ちを聞くなどのサポート、家の用事などを一緒にやったり、手伝ってくれる人は周りにいますか？ |
| | ① | （更問）（もし、代わりにやってくれる人がいるのであれば）家族のお世話や気持ちを聞くなどのサポート、家の用事などを誰かに手伝ってもらいたいですか？ |
| 7 | | （また別の機会に、）あなたのことや家族のこと、家族のお世話などをしてどのように感じているかなどについて、もう少しお話をきかせてもらえませんか？何か私たちにできることはないか、一緒に考える時間をもらいたいと思っています。 |

| | YC 気づきツール（こども向け） |
|---|---|
| 目的 | ✧　**こども本人との接点の中で**、YC 支援が必要となる可能性を確認する視点を示し、YC に**早めに気づけるようにする**（必要に応じ、**YC アセスメントツールの利用につなげる**） |
| 使用場面例 | ✧　こどもとの接点のある大人（分野問わず）が**こどもとの会話の中などで確認**する<br>（**学校**の場合、教育相談の際、定期的な相談の場面、保健室での相談場面、スクールソーシャルワーカー/スクールカウンセラーとの面談時、教員と養護教諭やスクールソーシャルワーカーとの共同使用等）<br>✧　各自治体等で用いている既存ツールに、YC 気づきツール（こども向け）の項目を盛り込む |
| 備考 | ✧　必ずしもすべてのこどもが支援ニーズを持つわけではないため、こどもの負荷をなるべく減らせるよう、必要最低限の項目（こどもの孤立、子どもの権利が守られているか等）で、ケア等を行うことに対する**こどもの気持ち等を聞けるように設計** |

| 視点 | 確認内容 | 視点ごとの留意点、確認のポイント | 関連項目 |
|---|---|---|---|
| こどもが行うケア等の状況 | ・こどもが、YCと考えられる家庭内の役割を担っているか及びそれをせざるを得ない状況かを確認 | ・幼い頃からケアを行っている場合、ケアをしているという認識がない場合もある点に留意が必要。 | 項目1 |
| こどもの困り感 | ・家族、友達、勉強、学校、将来、生活、お金など広く困り感を確認 | ・こどもが抱える困りごとがケアに起因するか否かの判断が難しい場合があるため、広く確認する。 | 項目2 |
| 子どもの権利が守られているか | ・こどもの主観的な気持ちを聞く中で、子どもの権利が守られているかを確認 | ・ケア等をすることをこどもが負担に感じている様子があれば、見守り時の声かけの頻度を上げるなど、状況の変化に気づけるよう留意が必要。 | 項目3、4 |
| 心身にかかる負担の程度 | ・心身の不調、対応の緊急性の確認 | ・希死念慮等が確認された場合、こどもの意思にかかわらず、適宜、養護教諭等の専門職と相談し、緊急性を判断して対応する。 | 項目4 |
| こどもの孤立の状況 | ・こどもが、周囲に助けを求めることができる状況にあるのかを確認 | ・こどもが孤立している様子があれば、見守り時の声かけの頻度を上げるなど、状況の変化に気づけるよう留意が必要。 | 項目5、6 |
| その他 | ・こどもがさらに詳細な話を聞かせてくれる（現状からの変化を望む等）かを確認 | ・こどもが、より詳細な内容を話すことに同意した場合はYCアセスメントツールの活用につなげる。<br>・こどもの孤立、子どもの権利が守られていない等が懸念される場合であっても、詳細な話をすることを拒む場合は支援につなげることを焦らず、こどもの気持ちに寄り添い、こども自身が変化を望むまではこどもとの関係構築に努める。 | 項目7 |

### 5）YC気づきのツール（大人向け）

マニュアルでは、医療・介護分野等で子どもに関わる大人、保護者等を対象に使用されるツールとされています。障害を抱えるご本人の家族構成等、聞き取りをした際にこどもの存在を把握した時使用していくと良いでしょう。また、使い方としては保護者への気づきを高める方法として、今後の方向性などを話す際の視点として活用できるのではないでしょうか。

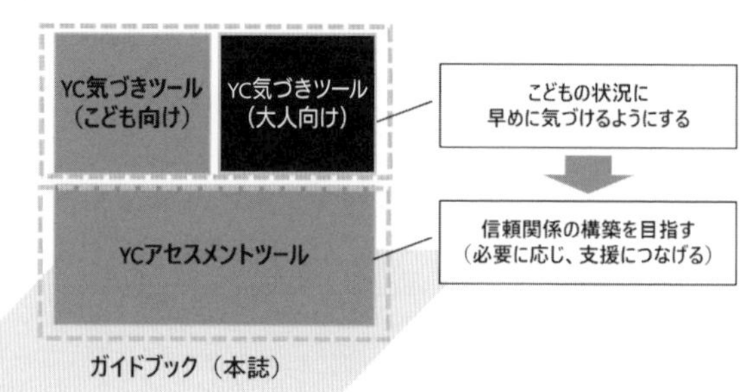

| 項番 | | ヤングケアラー気づきツール（大人向け）確認項目 |
|---|---|---|
| 1 | | （18 歳未満のこどもや若者が、）以下のような、本来大人が担うと想定されている（通常のお手伝いの範囲を超える）ような家族へのケアや家事を日常的に行っている様子がありますか？ |
| | A | 障がいや病気のある家族の入浴やトイレの介助をしている（服薬管理やその他の身体介護も含む）。 |
| | B | 障がいや病気のある家族の身の回りの世話をしている（日常的な要望への対応など）。 |
| | C | 買い物・料理・掃除・洗濯などの家事をしている。 |
| | D | がん・難病・精神疾患など慢性的な病気の家族の世話をしている（話を聞く、寄り添うなどの対応、病院への付き添いなどを含む）。 |
| | E | （認知症や精神疾患などで）目を離せない家族の見守りや声かけなどの気遣いをしている。 |
| | F | 障がいや病気のあるきょうだいの世話や見守りをしている。 |
| | G | 幼いきょうだいの世話をしている。 |
| | H | 日本語以外の言葉を話す家族や障がいのある家族のために通訳（第三者との会話のサポートなど）をしている。 |
| | I | アルコール・薬物・ギャンブル問題を抱える家族に対応している。 |
| | J | 家計を支えるために働いて、家族を助けている。 |
| | K | その他、こどもの負担を考えたときに気になる様子がある。 |
| 2 | | そのこどもが行う上記のような家族へのケアや家事を一緒にしている人や、頼りにできる人がいるように見受けられますか？ |
| 3 | | そのこどもは、家族へのケアや家事によって学校（部活含む）に通えていない、または遅刻や早退が多いように見受けられますか（こどもが保育所、認定こども園、幼稚園に所属する場合も含む）？ |
| 4 | | 家族へのケアや家事が理由で、そのこどもの心身の状況に、心配な点が見受けられますか（元気がない、顔色が悪い、進学を諦めるなどの意欲の低下、外見で気になることがある等）？ |
| 5 | | そのこどもが家族に必要以上に気を遣っているように見受けられますか？ |
| 6 | | （１～５の状況を踏まえ）ヤングケアラーの可能性があると考えられる場合は、支援ニーズの確認等のために、こどもの気持ちを確認し、必要に応じて支援につなげることが求められます。その際に他機関の手助けが必要ですか？（こどもの気持ちを確認する際はヤングケアラー気づきツール（こども向け）やヤングケアラーアセスメントツールの活用をご検討ください） |

| | YC 気づきツール（大人向け） |
|---|---|
| 目的 | ✧ **家族(ケアの受け手)への支援の中で**、YC 支援が必要となる可能性を確認する視点を示し、YC に**早めに気づけるようにする**（必要に応じ、「**YC 気づきツール（こども向け）**」**の利用につなげる**） |
| 使用場面例 | ✧ 家族(ケアの受け手)への支援などで**客観的に**こどもの状態を見聞きしうる立場の**大人が確認する**<br><br>（**居宅介護支援事業所**の場合、介護支援専門員が地域包括支援センターと相談をしながら活用する等）<br>（**医療機関**の場合、診療報酬の入退院支援加算における「退院困難な要因を有する患者」として YC が確認された際[2]、YC 気づきツール（大人向け）の情報とともに、病院内の医療ソーシャルワーカーや自治体等に連携する等） |

### 6）YC気づきのツール（大人むけ）の目的と視点

| 視点 | 確認内容 | 視点ごとの留意点、確認のポイント | 関連項目 |
|---|---|---|---|
| こどもが行うケア等の状況 | ・こどもが、YCと考えられる範囲の家庭内の役割を担っている様子があるかを確認 | ・客観的な観察によって、すべての項目を確認することは困難と考えられるため、あくまで確認できた範囲での情報。 | 項目1 |
| こどもの孤立の状況 | ・こどもが、もしもの時に周囲に助けを求めることができる状況にあるのかを確認 | ・こどもが孤立している様子があれば、状況の変化に気づけるよう留意が必要。 | 項目2 |
| 子どもの権利が守られているか | ・こどもの客観的な状況を観察するなかで、子どもの権利が守られているかを確認 | ・ケア等をすることをこどもが負担に感じている様子があれば、見守り時の声かけの頻度を上げるなど、状況の変化に気づけるよう留意が必要。 | 項目3 |
| ケア等の影響 | ・こどもが家庭内の役割を担うことによる心身への影響を確認 | | 項目4 |
| 家族の関係性 | ・こどもが家族に必要以上に気を遣っている様子があるかを確認 | ・こどもに負担がかかっていることを家族が隠したがったり、家族の状況をよく見せようとしている可能性もあることに留意が必要。 | 項目5 |
| その他 | ・多機関連携の必要性を確認 | ・多機関での見守りやこどもの様子を確認する必要がある場合は自治体や学校等との連携を図る。 | 項目6 |

### 7）YCアセスメントツール

支援の必要性が明確になっている場合、気づきのツールなしで直接にYCアセスメントのツールを活用していくということが推奨されています。ニーズが明確な場合や、普段の関わりからある程度事情を把握している場合はこのツールを使っていくことでより理解を深められるでしょう。さらにこれは、定期的に見直していくことが推奨されています。このアセスメントをモニタリングしていくことは、作業量も多いと思いますので各関係機関で連携をしながら内容の共通認識を図ることも大切になってくるでしょう。

今後、国の制度で報酬化していくかは課題ですが、ケアマネージャーや相談支援専門員の作成するサービス利用上のプランの中で項目を追加いただき共有していただくと連携しながら共有していくことがスムーズかと思います。しかしながら、ケアマネージャーも、相談支援専門員も普段の業務だけでも余裕のない現場が殆どですので、どこまで面談や書類作成に業務を費やせるか課題が残ると思われます。また、医療や福祉にも繋がっていない事例、外国のルーツのご家庭や幼いきょうだいの支援、経済的困窮などを背景とするヤングケアラーの場合、またそれぞれの支援機関の中で実践と積み上げげと成功事例を実感していくことが次のヤングケアラーに出会ったときの組織内外の迅速な連携に繋がっていくと思われます。

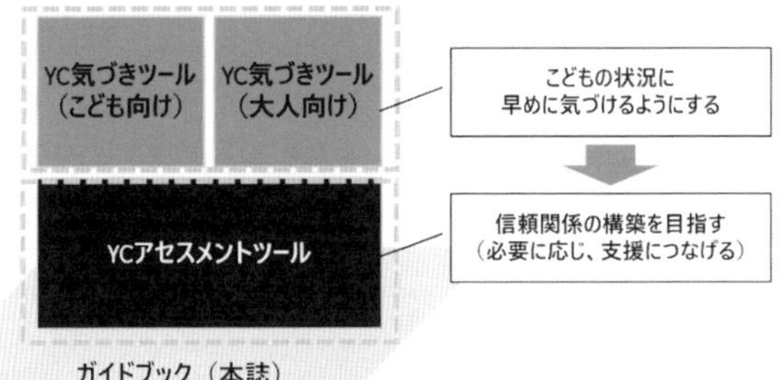


| | YC アセスメントツール |
|---|---|
| 目的 | ✧ **こどもと接点のある大人が**、こどもとの**信頼関係を構築するための会話の視点を示す**こと。ひいては、**こどものそばに、こどもが素直な気持ち（ニーズ等）を話せる大人がいる環境を作ることを目指す** |
| 使用場面例 | ✧ こどもとの接点のある大人（分野問わず）が**こどもとの会話の中などで確認**する（ソーシャルワーカーなどの専門職とともに活用することが望ましい場合もある）<br>（**学校**の場合、教育相談の際、定期的な相談の場面、保健室での相談場面、スクールソーシャルワーカー/スクールカウンセラーとの面談時等で活用）<br>✧ 各自治体等で用いている既存ツールに、YC アセスメントツールの項目を盛り込む |
| 備考 | ✧ YC アセスメントツールに記載の視点に関する理解が進むことで、**家族の状況、ケアの内容、ケアに対してどう感じているか、こども自身がどのような変化を求めているか（ニーズがあるか）を確認するための情報が得られるよう設計** |

| 視点 | 確認内容 | 視点ごとの留意点、確認のポイント | 関連項目 |
|---|---|---|---|
| Ⅰ家族の状況 | ・家族構成やケアが必要な家族の状況等について確認 | ・こどもは家族の状況を詳細に把握していない場合がある点に留意が必要。 | 項目１～3 |
| Ⅱこどもが行うケア等の状況 | ・こどもが家族のケアなど、YCと考えられる家庭内の役割を担うかを確認 | ・幼い頃からケアを行っている場合、ケアをしている認識がない場合もある点に留意が必要。 | 項目４～8 |
| Ⅲケア等の影響 | ・ケア等を行うことの影響、ケアに対してどう感じているか、こどもの気持ち等を確認 | ・**ケアを行うことでのポジティブ影響はあるが、大人の側からそれを口にすると、ポジティブに捉えることを押し付けられるかのように感じられる場合がある**ため、オープンクエッションなどで質問するなどの配慮が必要。 | 項目 9、10 |
| Ⅳ支援ニーズ | ・こども自身がどのような変化を求めているか（ニーズがあるか）を確認 | ・こどもがすぐの変化を望まない場合であっても、項目の例示を紹介しておくことで、こどもの選択肢を広げることにつながる（後でこどもから相談にくる可能性も考えられる）。<br>・地域ごとに提供可能なサービスに合わせ適宜項目をカスタマイズすると支援へのつなぎがスムーズになる。 | 項目 11 |

## 8）YCアセスメントツールの目的と視点

| 項番 | | ヤングケアラーアセスメントツール質問項目 |
|---|---|---|
| **Ⅰ あなたの家族について** | | |
| 1 | | あなたが一緒に住んでいる家族を教えてください。 |
| 2 | | お世話や気持ちを聞くなどのサポートが必要な家族はどなたですか？ |
| 3 | | お世話や気持ちを聞くなどのサポートが必要な家族の状況を、わかる範囲で教えてください（病気や障がいの状況、幼いなど）。 |
| **Ⅱ 家族（病気や障がいのある家族、高齢の家族、幼いきょうだいなど）のお世話や気持ちを聞くなどのサポート、家の用事などについて** | | |
| 4 | | 家族のお世話や気持ちを聞くなどのサポート、家の用事などとして、普段、どのようなことをしていますか。 |
| | A | 障がいや病気のある家族のお風呂やトイレの手伝い、お薬の管理などをしている。 |
| | B | 障がいや病気のある家族の身の回りの世話をしている（頼まれごとをするなど）。 |
| | C | 買い物・料理・掃除・洗濯などの家事をしている。 |
| | D | がん・難病・心の病気などの家族のお世話をしている（話を聞く、寄り添うなどの対応、病院への付き添いなどを含む）。 |
| | E | （認知症や心の病気などで）目を離せない家族の見守りや声かけをしている（心配したり、気にかけている場合を含む）。 |
| | F | 障がいや病気のあるきょうだいのお世話や見守りをしている。 |
| | G | 幼いきょうだいのお世話をしている。 |
| | H | 日本語以外の言葉を話す家族や障がいのある家族のために通訳（他の人と話をするときの手伝い）をしている。 |
| | I | アルコール・薬物・ギャンブル問題を抱える家族に対応している。 |
| | J | 家計を支えるために働いて、家族を金銭的に支えている。 |
| | K | その他 |
| 5 | | 学校のある日に、家族のお世話や気持ちを聞くなどのサポート、家の用事などはどれくらいしていますか。１日あたりのおおよその時間を教えてください。 |
| | ① | （更問）休日の場合はどうですか？ |
| | ② | （更問）家族のお世話や気持ちを聞くなどのサポート、家の用事をする頻度はどれくらいですか？（毎日、週/月に何日程度など） |
| 6 | | 家族へのお世話や気持ちを聞くなどのサポートはいつからしていますか？（小学生になるより前、小学生/中学生/高校生の頃など） |
| | ① | （家族が病気や障がいを持つ場合の更問）家族のお世話や気持ちを聞くなどのサポートが必要な理由や家族の体調などについて、周りの大人から、わかりやすく話してもらったことがありますか？ |
| | ② | （家族が病気や障がいを持つ場合の更問）お世話や気持ちを聞くなどのサポートが必要な理由について、お世話やサポートが必要な家族と話したことはありますか？ |
| 7 | | この先も今と同じように家族のお世話や気持ちを聞くなどのサポート、家の用事などを続けることに不安がありますか？ |

（栃木県ケアラー支援推進協議会委員　とちぎきょうだい会運営　一般社団法人Roots4理事）

コラム

# 2

## 逆境的小児期体験

## (Adverse Childhood Experiences：ACEs)

ACEs研究は、1980年代に米国のある保険会社に所属する予防医学分野の研究者であったフェリッティらにより始められたものである。肥満治療の専門家であったフェリッティは治療プログラムで減量に成功しているにも関わらず、脱落しリバウンドしてしまう肥満症患者のほぼ全員に子ども時代のトラウマがあることを発見した。さらに、米国疾病管理予防センター（CDC）との共同研究（Felliti et al., 1998）においてACEsスコアを開発し、成人を対象とする大規模調査を行った結果、ACEsが，心身の健康や発達、行動、自己・他者との関係の健全性に多大な影響を与えることを明らかにした。

小児期に体験したACEsのカテゴリー数と、調査対象となった成人の健康リスク行動および疾患のそれぞれとの間には段階的な相関関係がある。例を挙げると小児期の体験のカテゴリーが４つ以上あった人は、全くなかった人に比べて、アルコール中毒、薬物乱用、うつ病、自殺未遂の健康リスクが４～12倍、喫煙、低い自己評価、性交渉の相手が50人以上、性感染症のリスクが２～４倍、身体活動不足や重度の肥満が1.4～1.6倍増加しており、虚血性心疾患、がん、慢性肺疾患、骨折、生活習慣病の罹患とも段階的な関係が示された。反社会的活動への関与、将来の暴力の被害者や加害者になること、貧困等劣悪な経済的状態、虐待の世代間連鎖との関連もまた指摘された。

当初７項目であったACEsスコアだが、現在は10項目版（１．心理的虐待、２．身体的虐待、３．性的虐待、４．身体的ネグレクト、５．情緒的（心理的）ネグレクト、６．家族の離別、７．家庭内暴力の目撃（DV）、８．家族の物質乱用（アルコール・薬物）、９．家族の精神疾患、10．家族の収監）に普及し、研究は世界に広がっている。

加茂登志子

# 第3章 学校現場での支援

■ 高山恵子 ■

現在日本の学校は多くの課題を抱えています。現場の先生も疲弊しており、やることが多すぎると感じていることでしょう。その上にまたヤングケアラーの支援なんて、とても余裕がないと思われる先生もいらっしゃるでしょう。しかし視点を変えると、結果的に不登校を減らしたり、子どもとの信頼関係を構築したりするきっかけになるかもしれません。

アメリカでは、スクールカウンセラー（SC）が、ストレスマネジメント、いじめ防止教育、セルフエスティーム向上のためのスキルなどの「心理教育」を学校で教えます。私が留学中インターンをしていた600人の在校生がいる小学校では、常勤のSCが２名いて、心理教育をすべての学年で行っていました。このように授業も担当するので、スクールカウンセリングを大学院で専攻するためには、２年間教師の経験が必要です。一方、日本の学校ではメンタルヘルスの予防的介入、SSTとしての心理教育が通常クラスであまり提供されていません。そのためいじめや不登校など問題が大きくなってからの対応になることが多く、大きな課題だと思われます。

教えることのプロである学校の先生に、学力を上げるということだけでなく、メンタルヘルスの予防教育としての心理教育をぜひお願いしたいと思います。

ヤングケアラーの支援で一番の関門は、本人にその自覚がない、情報が届いてない、そして自己開示をしないという点です。自己開示をしたいと子どもが思うためには、安心感や信頼関係の構築が重要であり、そのためには評価されることなく、シンプルに本当の気持ちを伝えたときに聴いてくれる人がいる空間が必要です。これは時として時間がかかることですが、安心安全な場で自己開示ができる学校、多様性を理解し受け入れるクラス作りは、結果として学校で学ぶことへの意欲を高めることにもつながるでしょう。

ちなみに、ヤングケアラーが学校に望むことトップ10として、次のような内容があげられています。（出典：南魚沼市「ケアを担う子ども（ヤングケ

アラー）に関する調査」≪教員調査≫2015）

1．ケアラーとしての責任が、私たちの教育や学校生活に影響してくることを認識してほしい．
2．私たちが何を必要としているか、私たちがどのような点で他の生徒のようではないのかなど、私たちのことを聞いてほしい．
3．家庭での個人的問題について聞くための時間をつくってほしい。私たちは恥ずかしくて自分から言えないこともあるから．
4．遅刻したときに機械的に罰しないでほしい．私たちは家族のことを助けていて遅れざるを得ないときがある．
5．お昼休みに立ち寄れる場所や、宿題クラブを開くなどのサポートをもっとしてほしい．
6．柔軟に対応してほしい――宿題や課題をするための時間や手助けをもっと与えてほしい．
7．授業の中で、ヤングケアラーや障がいにかかわる問題についての情報を扱ってほしい．
8．親が大丈夫かを確かめる必要があるときには、家に電話させてほしい．
9．明確で最新の情報が載っている掲示板を整えて、私たちにとってサポートになる情報や、地域のどこで私たちがサポートを受けられるのかをわかるようにしてほしい．
10．先生たちが大学や研修でヤングケアラーや障がいにかかわる問題についての訓練を受けられることを確実にしてほしい

ここでは「ちょこっとチャット」というカードを使って安心安全なコミュニケーションの感覚を学校などで身につけていただけるように、その授業案をご紹介します。

ヤングケアラー支援として「ちょこっとチャット」を使う意義は三つあります。一つは、自己開示のトレーニングとしての役割です。人前で話すことが苦手な子でも、傾聴してくれる雰囲気の中では話せる経験をすることができます。二つ目に、傾聴のトレーニングにもなりますので、クラスで話しやすい、自己開示しやすい環境づくりができます。

三つ目に、これがとても大切なのですが、支援者が支援の必要な子どもを見つけられるという機能です。自己開示が大切とは言っても、なかなか難しい子もいるでしょう。その場合、このカードを使うことによって、本人からの相談はなくとも本人の家庭での様子を支援者が知ることが可能になります。例えば「家の手伝いをして、自分のやりたいことができないと感じることはありますか？」のような、ヤングケアラーの実態などの自己開示を促す質問もありますので、その後の支援につなげてください。

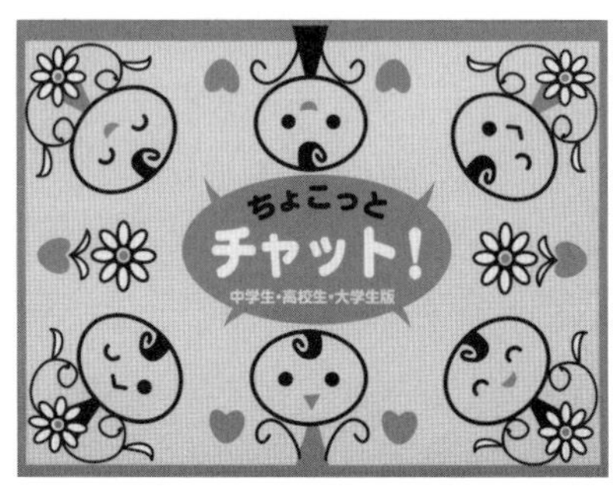

## 授業案

**ワーク名**　『ちょこっとチャットを使ったコミュニケーションのワーク』

**時間**　３０分〜４０分

**事前準備物**　カードゲーム【ちょこっとチャット】：４人〜６人グループで１箱
必要な場合は配布資料

**座席形式**　グループ形式

学習目標

1．コミュニケーションの基本を理解する
2．『ちょこっとチャット』の使い方を理解する
3．『ちょこっとチャット』でコミュニケーションスキル（傾聴＆自己開示）を高める
4．実生活への応用

**講座の全体構成**　①コミュニケーションスキルとは？
②ゲームの説明・体験・シェア

①は学年に合わせて説明する：
人権教育、道徳の時間などで多様性の理解、クラスでの助け合い、自己開示や傾聴のスキルアップに活用可能です。

# 講座実施マニュアル

| | 内容 | 目的・コメント例 | 留意点 |
|---|---|---|---|
| | ①【**導入**・コミュニケーションスキルとは】 | | |
| | 本日の目標：<br>自己開示と傾聴 | 授業の**概要**説明<br>「今日は、《ちょこっとチャット》カードゲームをみんなでします。いろいろな質問が書いてあるカードに順番に答えていくゲームで、お互いのことが短時間でいろいろとわかるようになります」<br>「ゲーム中、グループで話された内容は、このゲームが終わった後、クラスや家庭、SNSなどでオープンにしないことが大切なルールです」 | **守秘義務**を約束して安心で安全な場をつくる |
| | | 「コミュニケーションはどういうときに必要でしょうか？　たとえば、わからないことを聞いたり、確認したいことを質問したり、感謝や謝罪、自分の気持ちを伝えてわかってもらったり、いろいろな場面で必要ですよね。そのときに上手にコミュニケーションするために、大切なスキルがあります。まずは、しっかり相手の話を聴くことです。そして次に話す。苦手な人もいるでしょうが、必要なことが伝わればそれで十分で、言いたくないことは無理して言わなくてもいいのです」<br>「このカードゲームは、遊び感覚でコミュニケーションスキル：聴く、話すをリラックスしながら練習できるので、やってみましょう」 | 学年、時間に合わせてコミュニケーションのスキルについて解説を加える<br>（例：非言語のコミュニケーションスキルなど）<br>生徒から出てきた意見を板書して共有したり、付箋などを使用しても効果的 |
| | ②【**ゲームの説明・体験・シェア**】 | | |
| | ②―①インストラクション | **カードゲームの体験**<br>**準備を行う**<br>「では、さっそく『ちょこっとチャット』を体験しましょう」 | ２種類あるうち、色のついたカードを初回は使用 |

| | | |
|---|---|---|
| | ※ここで、カードゲームをグループに配布する<br><br>**ルール説明をする**<br>「ゲームには三つルールがあります」<br>「一つめは、一人ひとりカードをめくり、質問を読んでから答えます。例えば、カードにはこんな質問が書いてあります」（1枚紹介）<br>「えーどうしてそう思うの？などと言わず、しっかり人の話を聴きます。答えるのに時間がかかる人も早い人もいますが、それも個性なので、しっかり待ちます」<br>「二つめは、パスがOK」<br>「わからなかったり、答えたくなかったら答えなくてもいい、ということです」<br>「三つめは、評価しないで聴く、ということです。これは、どんな答えでもすごいとか、変な答えとか思わないで、あなたはそう思っているのねと受け止める、ということです。自分と違う意見が出たときには、いろいろな意見があるんだと、感じることが大切です。そうすると話やすい場になります。<br>「自分の意見や考えと比較して評価せず、相手の話をただ黙ってききましょう」 | 〈スペシャルカード〉はあらかじめ抜いておく<br><br>番号なしのカード、番号ありのカード（1～8の順）の順番にして伏せておく<br> |
| ②―②体験 | 「では、最初にカードをひく人を決めましょう」「お誕生日が一番早い人から時計回りでスタートしましょう」 | カードゲームの順番じゃんけんなどで決めてもよい |
| | 「では、最初の人から順番に時計回りでカードをひいてください」<br>「今から15分間です。始めてください」 | |
| | 「時間になりました。終了してください」 | パスと言ったときは、一回回答をスルーするか、もう一枚カードをめくるか、事前に決めておきましょう |
| ②―③シェア | **まずはグループ内で感想を共有する**<br>「では、まずはグループ内でゲームの感想を自由に言ってください」 | |

| | | | |
|---|---|---|---|
| | | **次にクラス全体で共有し、共通の感想や体験をピックアップする**<br><br>「では、みなさんにカードゲームの感想を聞いてみましょう。<br>実際にやってみていかがでしたか？」<br>「カードゲームをやることで、いろいろ感じることがありましたね。<br>今、みんなでやったゲームのルールは<br>評価せずに話を聴く<br>言いたくないことはパスする<br>自分の気持ちや意見を伝える<br>ということをでした。<br>日常生活でも使っていきましょう」 | 板書して共有し、さらに感じ方の多様性を体感する場にする<br><br>例）<br>話すのに時間がかかったけど待ってもらってうれしかった。<br><br>いろんな考えがあるんだなと思った。　　　など<br><br>話しやすかったという意見に対して学年に応じて解説<br><br>どんなことも評価しないで聴く、というルールによって「聴いてくれる場」ができていたから。<br>↓<br>つまり、ルールによって安心で安全な場ができているからこそ、普段自己主張の苦手な人も自分の言葉で伝えることにチャレンジできる。<br>さらに、カードの質問に答えることで、自分の意見や考えを自分の言葉にする練習になる。<br>↓<br>自分の考えをそのまま聴いてもらえることで小さな成功体験を重ね、自己主張のコミュニケーションスキルトレーニングになる。 |

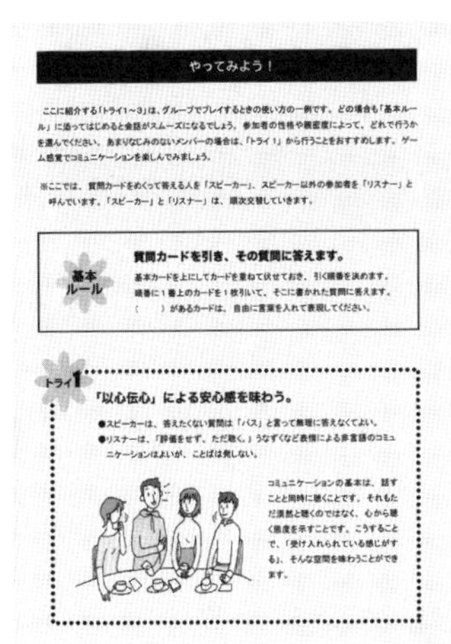

やってみよう！

ここに紹介する「トライ1〜3」は、グループでプレイするときの使い方の一例です。どの場合も「基本ルール」に沿ってはじめると会話がスムーズになるでしょう。参加者の性格や親密度によって、どれで行うかを選んでください。あまりなじみのないメンバーの場合は、「トライ１」から行うことをおすすめします。ゲーム感覚でコミュニケーションを楽しんでみましょう。

※ここでは、質問カードをめくって答える人を「スピーカー」、スピーカー以外の参加者を「リスナー」と呼んでいます。「スピーカー」と「リスナー」は、順次交替していきます。

基本ルール

**質問カードを引き、その質問に答えます。**

基本カードを上にしてカードを重ねて伏せておき、引く順番を決めます。順番に１番上のカードを１枚引いて、そこに書かれた質問に答えます。（　　）があるカードは、自由に言葉を入れて表現してください。

トライ1

**「以心伝心」による安心感を味わう。**

●スピーカーは、答えたくない質問は「パス」と言って無理に答えなくてよい。
●リスナーは、「評価をせず、ただ聴く。」うなずくなど表情による非言語のコミュニケーションはよいが、ことばは発しない。

コミュニケーションの基本は、話すことと同時に聴くことです。それもただ漠然と聴くのではなく、心から聴く態度を示すことです。こうすることで、「受け入れられている感じがする」、そんな空間を味わうことができます。

トライ2

**異なる価値観や意見、感情を味わう。**

●まずひとりのスピーカーが答えた後、ほかの人も同じ質問に答える。
●答えたくないときは、自分のことばで「話したくない」ことを自由に伝える。
●リスナーは、評価や批判をせず、相づちを打ったり、スピーカーの言ったことを確認するように繰り返したりする。自分の意見や価値観と違っても、そのまま受け取る。

ここでは、互いが自由に話す中で、それぞれの違いや共通点を見つけ、自分を客観的に見る、他人と理解しあうことができます。

トライ3

**自分のコミュニケーションパターンを知る。**

●スピーカーが答えた後、みんなで自由に意見交換する。
●答えたくないときは自分の表現で断ってもOK。評価しないで相手の話しの内容を受け取る。

ここでは、自由に話す中で、自分はどんなコミュニケーションのパターンを持っているか、どんなとき自然に話せるか、自己観察します。また、断り方もいろいろ学べます。

※会話のパターン例
うなずきが多い。
すぐ人の話を遮ってしまう。
…など

（NPO法人えじそんくらぶ代表　臨床心理士）

第4章

どんなところで接点をもつか

# ①（SNSなど、対象者の人の集め方）

■ 持田恭子 ■

## 1．はじめに

一般社団法人ケアラーアクションネットワーク（以下、CAN）は、2013年に、きょうだい[1)]やケアラーを対象とした交流会を運営してきました。これまでに延べ2000人を超えるきょうだいやケアラーとやり取りをしてきた中で、「中学生や高校生の時に、集いがあればよかったのに」という声が多く寄せられました。

2016年、保護者からの依頼で、４歳から12歳までの幼いきょうだい児を対象とした「アート＆チャットクラブ（通称ACC）」を運営し、40組以上の家族が参加しました。きょうだい児はボランティアスタッフと室内でスラックラインやフルーツバスケットをして遊び、保護者は別室でお茶を飲みながら障害児の子育てについて情報交換をしていました。障害のある子どもは保育士が別室で見守っていました。家族それぞれが別々の部屋で時間を過ごし、それぞれの立場で時間を過ごすという体験をしてもらいました。

ある日、中学生と高校生のきょうだい児がACCを訪れて、進路の相談を持ちかけてきました。「自分達には先天性の障害のある弟がいる。両親が弟の将来を案じて落ち込んでいる姿を見ると、自分達は福祉や医療の道に進まないといけないのかも知れないと思っている。皆さんはどのような職業に就いていますか」と質問しました。私たちスタッフは、大学生だったり、会社員だったり、看護師だったりするので、それぞれがどのような仕事をしているのかを彼らに伝えました。同じ「きょうだい」の立場であっても、自分が進みたい道に進んでいる人がいることを知って安心した二人の表情を見たときに、わたしたちは中学生と高校生が集まる10代の子どもたちのための集いを運営することを決めたのです。

## 2．ヤングケアラーズプロジェクトが始まった

そして、2020年に、オンラインで「ヤングケアラーズプロジェクト」をス

タートしたのです。最初からオンラインで始めたかったのではなく、コロナ感染症が蔓延し対面で会うことができなくなったので、ZoomとLINEを活用するSNSを使ったプロジェクトとして始まりました。

当初は、親御さんや塾の先生に紹介された中学生や高校生が集まり「探求プログラム」を体験しました。このプログラムは、2014年と2019年にわたしがイギリスの南西部にあるウィンチェスターという町に視察に訪れた際に「ウィンチェスター・ヤングケアラーズ」というヤングケアラー支援団体から譲り受けたプログラムで、家族の困りごとや直面する課題に対応するための「柔軟なメンタルを育てること」を目的としています。

## ３．プログラムに参加した子どもの反応

わたしたちは、日本の風土に合わせてこのプログラムを改良して、日本のヤングケアラーに提供し始めました。ケアとは何かを学んだり、これまで抑え込んでいた感情を言葉にする練習をゲーム感覚で楽しんだりしながら、少しずつ自分と向き合う時間を増やしていきまました。参加した子ども達は、

「参加する度に頭が柔らかくなり、新しい発見や気づきがある」

「プログラムを受けるたびに気持ちが変化するので面白い」

と言って、何度もリピートしていました。

「自分もヤングケアラーであることがようやくわかった」

「未来に希望を持っていいことが分かって嬉しい」と表情が明るくなっていきました。

オンラインでイギリスのヤングケアラーコーディネーターとヤングケアラーが参加する同プログラムにわたしも参加して、実際に子ども同士のやり取りを見聞きしたときに、日本のヤングケアラー達が学校での出来事や好きな音楽について話していることと同じだったので、ケアラーに国境はないと思いました。

## ４．子どもたちの力に気付く

最初から自分の気持ちや家庭の事情を雄弁に語ることができる子どもは、ひとりもいませんでした。最初はチャットだけで会話をすることから始まり、ここは安心できる居場所だと確信してから徐々に声を出し、顔を出せるようになるまで数年かかることもありました。自分の気持ちや家族とのやり

取り、学校での出来事や友達関係など、ありのままに受け止めてもらう経験を重ね、多くは語らなくてもすぐにわかってもらえる充足感を味わい、安心することができるようになりました。

家族や親しい友達には相談することはあっても、部活や仲の良いグループなど人数が増えると、自分の家族のことをどうやって打ち明けたらいいのか分かりません。そんな時でも、ケアラー同士で話し合い、失敗談や成功談を披露しあいながら解決の糸口が見えた時に、ようやく「ここで相談して良かった」と思うのです。こうした安心・安全の場を確保したことをきっかけに学校の友達にも打ち明けたり、相談したりすることができるようになりました。このように自分達で解決の道を作っていく子ども達と接しているうちに、ヤングケアラーは、単に学校に行けないとか、部活ができないとか、何かができない子どもではなくて、家族のケアをすることを通して、同級生がまだ経験していないことを経験することができて、それを自身の学業や友達付き合いと何とかして折り合いを付けながらこなしている子どもたちであると思うようになりました。

ヤングケアラーとは、なってはいけない存在ではありません。ヤングケアラーである自分が誇らしいと思えて、自分はよく頑張っていると自分を認められるようになるために、大人が子どもに寄り添って併走したり、ヤングケアラー同士で仲間づくりをして共感し合ったりしながら、子どもにとって実用的な情報を与える機会を持つ必要があります。

## 5．オンラインでどこまでできるのか

わたしは、設立以来、対面での集いや合宿イベントなどを手掛けてきたので、当初はオンラインでどこまでコミュニケーションを取ることができるのだろうかという不安もありました。コロナ感染症が急速に広まり、学校が休校になって一家に一台パソコンが支給されたこともあり、Web会議ツールを活用したオンラインサービスの提供が定着しました。やがてコロナ感染症が収束し、対面でも会えるようになり、大人のケアラーは対面のワークショップに参加するようになりましたが、子どもたちは相変わらずリアルに会うことに困難さを抱えていました。

ソーシャルネットワークサービス（以下、SNS）というデジタルな世界と、対面で会う現実の世界はどちらかだけに偏っても良くないのでバランスが大

事です。わたしたちは、年に１～２回、子どもたちと実際に会って、レジャー施設に子どもを招待したり、ホームパーティーを開いたりしています。オンライン上の画面という小さな箱の中だけで会っていた仲間と実際に出会うことで新鮮な驚きもあるので、SNSツールを使いながら現実の接触も採り入れていくことが大切だと思います。

## 6．SNSをどう使うのか

子どもたちが、情報を得たり共有したりするために日常的に使っているのはソーシャルメディアです。最近では、読むことよりも観ることに慣れている子どもたちは、自分と同年代で家族に何らかの困りごとを抱えている人をネット上で検索したり、お勧め動画で流れてくるショート動画や投稿サイトを観ながら、共感したり涙を流したりすることでストレスを解消しています。しかし、ネガティブな投稿ばかり見ていると気持ちが滅入ってしまうので、リアルに顔が見えるオンラインでの繋がりを選ぶ子どももいます。最初はなかなかオンラインの交流会に足を踏み入れることができませんでしたが、参加してみると学びや気づきを得たり、友達が出来たりするので、もう投稿サイトは観なくなったと言っていました。

SNSは、子どもたちと接点を持ちやすいツールなので、使い方次第では様々な効果があります。地域を越えて全国に点在するヤングケアラー同士がオンラインで出会うことができたり、簡単な操作で相談をすることができたりします。その反面、ネット犯罪や公序良俗に反するSNS相談も増えているので、10代の子どもが見知らぬ団体が運営する交流会にアクセスするには二の足を踏んでしまいがちです。よっぽど勇気がある子どもか、保護者の紹介が無い限り、自ら積極的に交流会に申し込むことは難しいと思います。そもそも、SNSは「個から個へ」「個から集団へ」と情報がスピーディーに伝わるツールです。子どもたちは常に新たな「繋がり」を求めて、手軽なSNSを活用しています。

## 7．YouTubeの活用とその効果

SNSの中でもYouTubeは社会に広く知ってほしいことを映像作品として制作し、一般に向けて発信するSNSツールの一つです。わたしたちは、このYouTubeを活用して、社会の人々にヤングケアラーの多様な姿を広く知

ってもらうために「きょうだい児」を主人公にした映画を制作しました。2021年12月、「陽菜のせかい[2)]」という16分31秒の短編映画が完成し、YouTubeで無料公開を始めました。いつでもどこでも自由に視聴することができるので、主に中学生や高校生、元ヤングケアラーや現在も家族の世話をしている若者が視聴しています。この映画は、重度知的障害を伴う自閉症の兄をもつ高校２年生の陽菜（ひな）を主人公にして、進路選択を軸にした人間模様を描いています。

視聴した中学生や高校生が「すごい共感しかない」「ヤングケアラーという言葉は知っていたけど、この作品を観て改めて考えるきっかけになりました」などのコメントを投稿してくれています。

映像は人々に「没入感」を引き起こす作用があるので、「もし自分のクラスにヤングケアラーがいたら、こんな風に対応したいな」「もし自分が陽菜だったら同じような気持ちになる」「わたしも親友の美咲のようになろう」と自分事として捉えやすくなります。

現在、この短編映画は、人権教育の教材として、講演会や勉強会でも活用されており、夏休みや冬休みに、プラネタリウムや公民館などで自主上映されています。

他にも、障害福祉事業所や、自治体の職員研修にも使用され、グループワークをしながら事例検討会が開かれています。また、わたし自身映画の解説会や講演会を行い、この映画の登場人物の心境をお伝えしているので、さらに新しい気づきや発見に繋がっています。

ある日、わたしが解説する映画解説会に参加した高校生は、この映画を視聴する前に「わたしは裕福だから、ヤングケアラーのような生活が苦しい子どもを救ってあげたい」「新聞記事やネット検索をしてヤングケアラーのことを勉強してきました。学校に行けなくてかわいそうなのでなんとかしてあげたいです」と言っていました。高校生たちは、生活が困窮している家庭に生まれているせいで学校に行けない子どものことをヤングケアラーというのだと思っていたそうです。

そして、この映画を視聴し終わった高校生は「自分がいかに何も知らなかったのかが分かりました」「生活に困っていなくてもヤングケアラーがいることがわかりました」「先生も勘違いしているので学校に戻ったら先生に説明します」と言っていました。

いま、人々が想起するヤングケアラー像は、「今この瞬間に苦しい思いをしている子ども」であり、その先の未来までイメージすることはごく僅かです。つらそうな姿を思い浮かべて高校生が勘違いをしてしまうのも無理はありません。

確かに、生活が困窮している家庭の中には、親が障害や難病があることため仕事に就けなかったり、正規雇用を受けられなかったりすることがあります。生活保護を受けている家庭もあります。それゆえ、学校への通学に困難をきたしている子どもは確かにいますし、進学を諦めてしまう子どももいます。しかし、それらは、ヤングケアラーのすべてではありません。

YouTubeで作品を発信しても、視聴者とのコミュニケーションの手段はコメントの送受信だけなので一方通行です。ただ映画鑑賞をするだけではなく、映画を視聴した後に、グループになって意見交換をすることで、ヤングケアラーの気持ちを実感し、自分事として捉えることができるようになります。改めて視聴し直すと、映画の中にちりばめられている作者の意図を発見することができます。

## ８．仲間と出会い繋がる子どもたち

わたしは、2019年にイギリスに視察に訪れた際に、ヤングケアラーズフェスティバルにボランティアとして参加しました。このフェスティバルは、毎年６月の最終週に３日間開催されるヤングケアラーのための大規模なイベントで、全英からバスや電車に乗って、コーディネーターに引率されたヤングケアラーが結集し、テントを張って寝泊まりしたり、フェイスペインティングをしたり、移動式遊園地で思いっきり遊んだりして羽根を伸ばします。

その間の家族のケアは地域の福祉支援事業所や介護支援事業所のヘルパーが手配されます。参加している子どもたちは、「ここでみんなと会えるから、残りの362日を頑張ることができる」と言っていました。

わたしは、折り紙とシールを組み合わせたORIGAMIブースを作りました。８歳から16歳までのヤングケアラーが集まってくれて、手を動かしながら家族のことを話してくれました。フェスティバルで出会った子ども達はLINEを交換して友達になり「また来年、ここで会おうね」と約束して、それぞれの家庭に帰っていきました。

わたしたちも、いつか日本各地の子どもたちが繋がりを持つことができるイベントを開催することができるようになりたいと思っています。

## 9．次世代SNSの普及と現実世界

これからは、インターネット上の仮想空間であるメタバースや、仮想空間に現実世界を再現するデジタルツインなどのデジタル技術が向上し、VX（バーチャルトランスフォーメーション）の世界が広がります。子どもたちは自分のアバター（分身）を作り、仮想空間でコミュニケーションを楽しむようになります。こうした次世代SNSを活用して、自分の素性を明かさずに仮想空間の中で他者との繋がりを深めていくことでしょう。メタバース型のSNSはZ世代を中心に新しいプラットフォームとして認知されています。

このようにSNSが進化し続ける一方で、わたしたちは現実世界で子どもの小さな変化に気付いていく必要があります。近所の子ども達をよく見ていれば、今日は元気がないな、とか、学校に行っているはずの時間なのにどうしたのか、とか、何かいつもと違う変化に気付くことができます。いきなりそうした子どもに声をかけることはできませんが、ヤングケアラーが立ち寄りそうな場所に、ヤングケアラーが集まる交流会を知らせるポスターを掲示したり、通院する親に付き添っている子どもに、ヤングケアラー同士で集まる交流会のパンフレットを渡したり、居宅介護支援で家庭に訪問する際に、子どもの様子に気を配り、子どもたちが学校以外の場所で勉強をする場所があることや、交流会のチラシを渡したりすることができます。ケアラーの子どもは他にも似たような境遇で生活をしている同年代の子どもがいることを知らないのかもしれません。

誰もが一人きりで生きることはできません。人は、人と関わらなければ生きていけないのです。子どもたちが若いうちから仲間と出会い、お互いに刺激を受けることで、自分の本来の在り方に気付き、多様な選択肢の中から自分の道を選ぶことができるようになります。

わたしたちは、これからもヤングケアラーの声をわかりやすく社会に届けていきます。人々がいままで知らなかった障害や病気のことを知り、もっと若いうちから障害児や病児と触れ合う機会が増えて、障害や病気があることが特別なことではなく、誰もが一度は関わったことがあるようになれば、家族が家族だけで家族のケアを抱えなくてもいい社会になると信じて、これからもケアラーと社会を繋ぐ取り組みを続けて行きます。

1）障害や疾患、病気や難病などを抱える兄弟姉妹がいる人のこと
2）陽菜のせかい　https://www.youtube.com/watch?v=E69w9qpHjsg　16分31秒

（一般財団法人ケアラーアクションネットワーク協会 代表理事）

第4章

# どんなところで接点をもつか ②（貧困支援）

■ 和田果樹 ■

## 1．ヤングケアラーと貧困家庭の重なり

認定NPO法人カタリバ（以下「カタリバ」）は、2016年より東京都足立区で生活困窮世帯の子どもの学習・居場所支援拠点の「アダチベース」、コロナ禍が始まった2020年より経済的に困窮し孤立する親子にオンラインで伴走し学びの支援を行う「キッカケプログラム」事業をスタートさせました。「子どもの貧困」と呼ばれる状態にある子どもたちと多数出会ってきました。授業や自習のサポート、定期面談などを行う中で、子どもから「妹のごはん作って食べさせないといけないので、今日は授業休みます」「おじいちゃんの介護があるので、面談に少し遅れます」などと言われることが、「ヤングケアラー（以下YC）」という言葉が今ほど市民権を得ていなかった頃から度々ありました。2021年度に公表された国のYC実態調査の結果も受け、キッカケプログラムの利用者である中高生（N=132）に調査を行ってみたところ、「お世話をしている家族がいる」と回答した子どもは12.9%（17名）であり、国の調査のおよそ２～３倍ほどの子どもが家族のケアを担っているという実態が明らかになりました。また、小学生も含めた利用者の保護者（N=196）に「子どもは家族のケアを担っているか」を尋ねたところ、22.5%（44名）の保護者から「担っている」と回答がありました。子どもが自らのことを答えるより高い数値になっているのは、子ども自身には「ケアをしている」という感覚がなくても、保護者はより敏感に子どもが担っているケアを認識しているということなのかもしれません。同プログラムの利用者は全体の８割ほどがひとり親で、かつ生活保護受給・住民税非課税世帯・児童扶養手当受給・就学援助受給のいずれかに当てはまる家庭であり、何らかの事情で保護者が就労できなかったり、低収入の中やりくりをして暮らしているという実態があります。因果関係は複雑であるにしろ、貧困と呼ばれる状態と子どもがケアを担うこととは密接に関わっていることが本結果から読み取れます。

## 2．利用者のニーズを引き出す

前述の結果も踏まえ、カタリバは2022年、先述の「キッカケプログラム」事業の中で本格的にYC向けの支援を立ち上げました。キッカケプログラムとは、家庭にPCとWi-fiを無償で貸し出し親子へオンラインの伴走支援と学びの機会を届けるプログラムで、特に支援リソースの乏しい地方の家庭も含め日本全国から親子の参加があります。そこで、元々提供していたプログラムにYC家庭向けの支援メニューとしてピアサポートや専門家相談などをアドオンし、ケアを担う子どもとその家庭を対象に利用者の募集をスタートしました。募集開始にあたってはプレスリリースを出し、TVメディアでも紹介いただくなど大々的に告知をしたが、結果的には「YC向けの支援を受けたい」と自ら応募してくる家庭はほとんどおらず、YC向けの枠ではない形で、同時期に募集を行っていた従来の生活困窮世帯向けのプログラムを希望し応募してきた家庭が大半でした。そこで従来の困窮世帯向けプログラムの利用希望者の中から、前もって尋ねておいた「子どもが家族のケアやサポートを担っているか」などの項目でスクリーニングし、保護者や子どもには「あなたはYC家庭です」とは特段伝えず支援を行うことになりました。しかし支援するといっても、YC向けのメニューであるピアサポートや専門家相談はあくまで任意のオプションとしての位置づけであり、利用者の方にニーズがないと届けようがありません。実態として子どもがケアを担っている状態であっても、そこから「同じ立場の人と話したい」「誰かに相談したい」というニーズを引き出し、かつ日程を合わせて参加してもらうまでのハードルは高く、プログラムを用意しても集客に苦慮する日々が続きました。

## 3．有効な支援メニューの提供

事業の立ち上げから企画を担当していた筆者としては当時、利用者に対してYCの可能性が高い家庭であると分かっていながらも、特別な支援をすることができずもどかしい思いを抱いていました。しかしふと立ち止まって考えた時、YCの家庭であっても、従来より実施してきたメンターによる親子への伴走支援や子ども向けのオンライン学習支援には繋がってくれている家庭が多く、そこに価値があるのではと感じるようになりました。彼らが元々キッカケプログラムに参加した動機として多いのは、保護者自身の「経済的に厳しく、習い事をさせてあげられない」「働き詰めだったり体調不良だったりで、子どもの勉強を見てあげられない」といった子どもの「学び」に対するニーズです。つまり、「YCだから支援を受けたい」というニーズが表面化していなくても、「経済的理由などで子どもを学びの機会につなげたい」というニーズがある家庭であれば、そういった方面からのアプローチでつながれる可能性が高いです。この「まず、つながる」という工程は、YC支援を考える上で非常に重要です。YCは、相談できる人がいないといった心理的孤立や、家族以外に所属するコミュニティがない社会的孤立の状況に陥りやすく、孤立の状態はさらに別の困難を呼び込み、放っておけば問題が重層化してしまうリスクがあります。それを避けるには、早期につながる先を一つでも増やし、見守る大人を一人でも多く増やすことで将来的なリスクの低減を図っていく必要があります。そのためには、YC家庭の多様なニーズを捉え、支援へのハードルを下げつつ入口を増やしていくことが肝要であり、そのメニューの一つとして貧困家庭への支援は有効であると考えられます。複合的な困難の中にあっても「経済的に余裕がない」というニーズは顕在化しやすく、またそのニーズに応えること自体がYC家庭にとって有効な支援となりうるからです。

例えば、上記の「子どもの学び」ニーズへのアプローチの他に、カタリバが以前期間限定のプロジェクトとして行いました「食事宅配支援」の事例が挙げられます。夏休み期間を含めた８週間、家族人数×３食分のお弁当を届けるという内容で、YCを有する59家庭に対し任意でこの食事宅配支援の参加を受け付けたところ、９割超の54家庭から「参加したい」と回答がありました。「食」に対するニーズを満たすことは、家庭とつながることはもちろん、家庭にとって実効的な支援となります。経済的な面や栄養面で助かるのはもちろん、家にお弁当の用意があることで「レシピを考える」「買い物にいく」「調理する」「洗い物をする」といった家事の手間も省け、その分の余裕が生まれるからです。余裕はただ単に自由時間を生むというだけではなく、家族間のコミュニケーションを豊かにし、親子にとって家庭が心地よい居場所としての機能を取り戻すことにつながります。本プロジェクトも、約２ヶ月間という短い期間ではありましたが反響は大きく、子どもからは「買い物に行く時間が減ったのはすごく有難いです。疲れている日は負担が大きかったので、そのぶん親と進路のことを話したりする時間が取れました」、保護者からは「子どもとの時間をつくることができたし、私自身の精神的負担もかなり減った」などの声が多数あがりました。

## 4.「つながり」から始まる支援

YCの支援においては、子どもたちやその家族に「YCである」という認識がないことが支援を難しくすると言われます。つまり家庭の方にニーズがない、もしくはニーズと課題がずれている状態だと支援に入りにくいが、先述したとおり、貧困とYCの問題は重なりが大きいです。不登校なども同様です。そういったあらゆるニーズを包摂した多様な支援メニューのなかで、まずどこかにつながっていける仕組みを作っていきます。なかでも、経済的に余裕のない親がニーズを自覚しやすい子どもの学びや食に対する支援は、家庭とつながる上でも、その先の実効的な支援においても力を発揮します。

家庭の抱えるニーズを紐解きながら、孤立する子どもと親を一人でも減らし、有効な支援につなげていく仕組みを地域で展開していくことが求められます。

（NPOカタリバ キッカケプログラム）

第5章

連携

# ①学校から地域連携（アウトリーチ支援官民連携）

■ 柴田直也 ■

## 1．地域と教育機関との連携

地域と教育機関との連携は以前から行われていますし、出来ていることがとても多いと感じています。栃木県那須塩原市のことにはなりますが、例えば運動会や卒業式などの学校行事へ地域の人が参加したり、総合的な学習やクラブ活動で地域の方が講師やボランティアとして活動したりもしています。地域活動への関わりとしては、「子どもの居場所」を行う際にチラシを子どもたちに配布し、取りまとめをしてくれる学校もあります。自治会などの行事で学生ボランティアを募集するための告知にも協力してくれています。学校内でのお弁当配布や畑の一部を「子どもの居場所」で使用させてくれている学校もあります。また、地域内の話し合いの場においても地域連携教員が参画し、学校と地域の橋渡し役を担っています。こういった関係は長年続いており、近年では、ますます地域に開かれた学校のイメージが濃くなっていると感じています。

## 2．ヤングケアラー支援の課題

### （1）個人情報と支援

このような現状の中ヤングケアラー本人や家族をサポートするための連携に焦点を絞ると上記のような学校や地域の活動とは違い、個別性が高いものになってきます。どんな分野においても個人情報保護は重要なものですし、本人や家族を守るためにも大切なことです。ただ、こうしたところがスムーズな連携や情報共有にブレーキをかけることにもつながります。ヤングケアラー支援に関する国の方針では教育と福祉の連携強化が重要であることが示されていますが、この具体的な体制構築が肝になってくると考えています。

福祉分野でいえば、民生委員・児童委員、高齢者のよろず相談的な機能を持つ地域包括支援センターやケアマネジャーがいる居宅介護支援事業所、障害福祉サービスの相談支援事業所、社会福祉協議会、行政の福祉部局は日頃から連携してケース対応していることが多く、情報共有をするハードルは比較的高くないと感じています。しかし、それが学齢期の子どもが対象となった時に上手く情報把握をすることが難しいことがあります。

### （２）支援の実際

#### １）中学生ヤングケアラー支援

事例をあげると、地域からある中学生が「きょうだいの世話をするために部活を辞めた。母親が仕事量を増やしたことで、学童や保育園の迎え、母親がいない間の家事を本人が担っている」との情報をもらいました。翌日学校に連絡をしてみましたが、そのような状況にある生徒がいるかどうかは答えることはできないが、情報としては受け取り、校内で確認するとのことでした。この対応からすれば、学校は情報を受信し、校内で動いていくという形に留まってしまう可能性が高いという印象を受けました。もちろん、校内で実態把握をし、サポート体制をスクールソーシャルワーカーなども含めてつくっていくことで十分なサポートにつながることも多いと思います。願望を言えば、地域にある市民活動や制度外の関わりにつながることでより家族を見守り、サポートしていくことができるので、そういった連携が出来ると良いと期待しています。その後、教育委員会と地域から情報をもらった時の流れを相談したところ、相談を受けたら教育委員会の指導主事に相談し、そこから学校などに指導主事が現状確認などをしてくれ、コーディネート役を担う流れが確立されました。地域や福祉機関から直接学校へ連絡しても簡単には情報をもらうことは出来ないので、このように教育機関の中にコーディネートをしてくれる人がいることは非常に大きいことです。

また子ども・子育て分野や教育分野ではよく「保護者の同意が無ければ外部との情報共有はできない」と言われることが多いです。もちろん同意があったうえで連携を組めることが最善であり、スムーズな関わりにつながります。しかし、ケースの中には保護者が家庭環境を知られたくない、教育機関を越えた外部の人たちの介入を拒むこともあります。要対協も特定の機関同士は共有できますが、範囲としては狭いと感じています。保護者の同意がない中で共有したい時に、生活困窮者自立支援事業や重層的支援体制整備事業の中で本人・家族の同意なしの状況でも関係者で情報共有をし、関わりを考えていくことができる会議体があります。そういった福祉制度の枠組みを活用することでも教育と福祉の連携が加速していくはずです。

### 2）母子世帯支援

次に紹介するケースは母子世帯です。この家庭は母親に脳梗塞後の半身マヒがあり、介護保険を利用しています。小学生の子どもとの二人暮らしで、母親は十分に子どもと遊んだり出かけたりできないことに悩んでいました。その気持ちを聞いたケアマネジャーが地域包括支援センターに相談し、社会福祉協議会につながりました。自宅から近い子どもの居場所に話をしましたが、居場所への送迎をする家族がいないため、地区担当の民生委員が対応してくれることになりました。居場所では勉強や食事、遊びなどを行っており、本人は楽しい時間を過ごすことが出来ています。子どもには発達障害があり学校では支援児となっていました。居場所では、他の子どもたちと物の取り合いや思い通りに遊べない時に不安定になってしまうことが多々ありました。そういった時の学校での状況や対応について詳しく知ることが出来れば、子どもにとって居場所が安心できる場になるはずですし、スタッフもある程度統一した対応が出来るようになります。そのようなことを学校に相談したところ、居場所に参加している子どもの様子について定期的に学校と情報共有する機会を設けることとなりました。

また、この家庭のことについて学校と教育委員会でケース会議が開かれることがありました。家にいる母が心配で子が学校に行きたがらない状況にあること、学校でクラスメイトとの関係が上手くつくれないことが要因でした。私は直接ケース会議への参加は出来ませんでしたが、学校からの依頼でその子の状況について子どもの居場所とケアマネジャーとの両者がまとめた文書を教育委員会の担当者に渡し、代読してもらうことで会議の場で共有をすることが出来ました。

私自身も分からない教育機関内での決まりや慣例があるのだとは思いますが、こうした書面での参画も一つの手法としては良いと感じました。柔軟な連携を図っていくことがまずは出来ることと思いますので、こういったことが増えていくように教育機関側も対応してほしいと願っています。

### 3）医療的ケアが必要な妹をもつ中学生支援

次に挙げるケースは、課題として学校だけでなく関係者全員に理解・啓発が必要である事例です。ある中学生男子には、常時、人工呼吸器使用などの医療的ケアが必要な妹がいます。こうした状況の場合、妹に配慮してか自宅には積極的に友人・知人を入れないこともありますが、この家庭は積極的に妹のことを地域に話しています。母親は医療系学校の授業で家庭の状況について講話をした経験もあります。この男子は友人とよく自宅で遊び、妹とも交流を多くもっている環境があり、友人たちの理解はとても高いと思われます。

紹介したい状況はこの男子の部活動でのエピソードです。運動部に入っており、活発に部活動に励んでいますが、その部活には保護者にも役割がありました。子どもたちが全力で競技に臨めるよう部員の送迎担当や日替わり、週替わりでお茶当番などがありました。しかし、娘の世話のため、送迎することが難しかったり、お茶当番を担うことが難しかったりする現状があります。そんな時にある保護者から「数時間でさえも来られないの？みんなも忙しい中やっているし」と言われたそうです。保護者同士の公平性を訴えていることは理解できますが、医療的ケア児は数時間どころか数分で状況が変わることもあるので、家族や専門職が常時近くにいることが求められます。こうした状況から保護者が持ちまわりの担当になれないがために、子どもが部活にそもそも入部することが出来ない、あるいは入部しても続けられず辞めてしまうことが全国的にあるのではないかと推測できます。

この家庭は、娘のケアのことを他の保護者に明確に伝えたことで現状を理解してもらえ、むしろ家族が送迎できない時は他の保護者が対応してくれるなどの関係性を構築することが出来ました。また友人が自宅に遊びに来ているので、その友人が親に状況を話してくれることで、理解が深まったということもあったようです。しかし、全ての家庭がこのように周りへの発信が出来るわけではないので、関係者や学校側から歩み寄り、理解を促していくことも重要なことだと考えています。

## 3．那須塩原の地域支援

### （1）あおぞらのいす

ここからは那須塩原市を中心とした活動について紹介していきます。まずは「あおぞらのいす（ひきこもり不登校支援の会・相談会）」です。活動の発端は「にしなすケアネット」という地域課題を話し合う場からです。詳しいことは8　地域でできる支援（本著114頁以下）で書いているので、そちらを読んでください。

平成30年7月のにしなすケアネットで「ひきこもり状況にある人」のケー

スを取り上げました。その際に参加者から「ひきこもり支援のために学ぶ場が必要」との意見が多数あがり、市民向けの勉強会を経て、「あおぞらのいす」が令和元年12月に発足しました。不登校状況にある子の家族会やひきこもりや不登校当事者、フリースクール、医療・福祉・教育関係者が毎月１回集い、学習会や情報交換などを行っています。個別相談も随時対応しており、他機関や親の会などと連携したサポート体制を構築しています。あおぞらのいすでの情報交換の中で、不登校の家族会はあるが、ひきこもり状況にある人の家族会が充足していないことが分かり、月に１回市内で集いの場もスタートしました。

また、実際に相談対応をしている方の話から、支援する側もひきこもりや不登校関連の相談に対してどのように動いて良いか行き詰っていることが分かり、支援者への支援の場としても活用しています。ケアラーをケアする職種もケアラーになっていることを考えると、ケアラー本人や家族が課題を抱え込むことに加え、支援者が抱え込むことで疲弊してしまうこともあるので、総じて抱え込ませないネットワークづくりが重要ということが分かりました。ケアラーがいる家庭が抱える背景は多様であり、ひきこもりや不登校へも密接に関連していると感じています。

全国的にひきこもりや不登校の状況にある人が増加しているというデータも見えてきており、その家族へのサポートも求められています。就労や学校復帰を前提とせずに想いを聴き、長期的な視点を持ちつつ、制度だけでなく地域内にある資源を活用することがポイントになってきます。

**（2）ヤングケアラー支援連絡会議**

次に那須塩原市の「ヤングケアラー支援連携会議」を紹介します。これもにしなすケアネットから令和２年３月に発足した「ケアラー協議会」が関係しています。ケアラー協議会はケアラー当事者やきょうだい会、医療福祉教育関係者、主任児童委員、行政職員、市議会議員など多様なメンバーで構成されています。具体的な活動としては月１回の会合を軸に学校や市民向けの啓発活動やLINE相談、若者を対象としたケアラーズサロンを展開しています。全国的にヤングケアラー支援に向けた施策検討が進んできた令和３年に那須塩原市としても体制構築を検討していくこととなり、市の子育て部門が主導して、福祉・教育・保健部局職員にケアラーLINE相談管理者であるケアラー協議会メンバー５名を加えた「那須塩原市ヤングケアラー支援連携会議」が設置されました。

この組織では、ヤングケアラーを探し出して発見をするのではなく、気づく・気にかける意識を各機関で持つように働きかけ、気づいたとしてもいきなり多機関でサポートしようと動くのではなく、本人の状況や気持ちを丁寧に把握し、必要に応じて連携していく方針としました。場合によっては見守ることに徹することも必要であるという共通認識も持ちました。ヤングケアラーだから特別な関わりが必要なわけではないですし、ケアラーの状況になっている要因によってアプローチも変わってきます。なので、多機関多職種で集まる意義としては各セクションの知識やスキル、蓄積されたノウハウを共有し、その本人、家族へのオーダーメイドのサポートを作れることです。それにより、制度を駆使するだけでなく、生活や気持ちに寄り添った関わりが可能になるはずです。

まずは行政内の教育や福祉部局の職員がケアの実状から互いに課題になっていること、できること・できないことを共有して、歩み寄りながら話せる関係性と縛られ過ぎない会議体を形成することがポイントだと考えています。その上で民間事業者や民生委員・児童委員、市民活動団体とのネットワークを構築することで実効性のある体制が組織されることにつながるはずです。

（社会福祉法人　那須塩原市社会福祉協議会）

第5章

連携

# ②学校から誰につなげるのか：養護教諭・SCの仕事の実際から

■ 松崎美葉・太田千瑞 ■

## 1．はじめに

私は学生時代に、ダウン症候群をもつ弟のケア、母親の精神的ケア、がんの祖母を自宅で看取るケアを行ってきました。そして現在は、縁あって特別支援学校の高等部で養護教諭として勤務しています。特別支援学校というと“ケアをされる側”というイメージを持つ方が多いかもしれませんが、特別支援学校にも家族のケアをしている生徒たちはいます。私自身も手探りの日々ですが、元ヤングケアラーが現場の養護教諭として働いている中で、考えていることを述べたいと思います。

ヤングケアラーやその家族について、学校からの連携先としては、保護者の養育が難しい場合や、生徒の安全が脅かされるような場合は子ども家庭支援センター（児童相談所）、家族が病気を抱えている場合は病院や訪問看護、様々な事情で生徒が家事を代わりに行っている場合はホームヘルパーなど、ケースによって様々であると考えます。ただ、どんなケースでも共通して言えるのは「家族だけで抱え込まずに第三者を介入させる」という点です。学校が生徒と関わることができるのは、在学中の限られた期間だけです。卒業後の人生の方がずっと長く、継続的な支援につなげるためにも、地域行政との連携は不可欠であると考えています。

もちろんこういった連携は養護教諭が一人でできるものではなく、学校全体で協働しながら進めていくべきです。その時に、養護教諭はコーディネーター的役割を果たすと考えています。生徒、保護者、担任、管理職、専門職など様々な人が関わる中で、スケジュール等の連携調整や認識の共有、方向性の確認などが求められます。さらに最も大切な、生徒の気持ちに寄り添うことも必要です。こういった役割を果たすためにも、養護教諭はヤングケアラーの実態や対応について学んでいく必要があると考えます。

しかし、家庭の問題について学校が介入できることには限界があることも、現場でひしひしと実感しています。そういったときに、オンラインコミュニティなど他のヤングケアラーと話すことができる場を紹介することも有効であると考えます。インターネットやSNS等で検索すればアクセスできますが、そもそもそういったコミュニティがあることも知らない生徒は多くおります。同年代の当事者にしか分からない悩みや思いを共有することで、気持ちはとても軽くなるはずです。家庭環境にアプローチすることが難しい場合でも、生徒の気持ちの拠り所となる場を提案することは可能です。

私が学校でヤングケアラーと思われる生徒に対応する時に気を付けていることは、生徒のケアや生徒の家族について否定をしないことです。しばしば大人は子どもたちを思う気持ちから、「そんなことあなたがしなくてもいいんだよ」とか、「あなたにそんなことさせてるなんて、お母さんは何してるの？」などと言ってしまうのではないでしょうか。これらの言葉は、生徒が行っているケアや家族を否定してしまいます。私は否定も大仰に褒めることもせず、「そっか、いつも頑張ってるね」と生徒の頑張りを認める言葉をかけるようにしています。これは“自分だったらこんな風に声をかけてもらいたかった”という経験からです。それに加え、「今、お家のことで困っていることはない？体調はどう？いつでも話しに来てね」と生徒に声をかけ、頼れる場所があることを伝えておくことも併せて必要だと考えます。

養護教諭は学校の生徒全員と関わることができる仕事です。生徒と最も密接に関わるのは担任ですが、担任は進級時に変わってしまうことも多いため、入学時からの変化の過程を把握できるのは養護教諭の大きな強みです。保健室にとどまることなく、教室に足を運び、生徒の顔を見て会話をし、その中から「いつもと違うかな」という気付きが生まれることで、生徒の悩みの早期発見につながると考えています。養護教諭だからこそ気付けることやアプローチできることがあると信じ、学校が生徒にとって少しでも安心できる場になることを願って、これからも試行錯誤していきたいと思っています。

（東京都立田園調布特別支援学校　養護教諭　松崎美葉）

## 2．寄り添う

スクールカウンセラーが出会うヤングケアラーの多くは、悩みを悩みとして捉えていることが少ない上、自分がヤングケアラーであることを隠したいと思っています。だから、スクールカウンセラーのところには、家庭の事情を知る学校側からの働きかけによってやって来ます。

学校の相談室で会っているため、目の前の子どもが何を感じているのかを根掘り葉掘り訊くというよりも、まずは相談室に来ることやスクールカウンセラーとの時間が心地よいものになるように努めます。

子どもたちがヤングケアラーとして生きている葛藤や不安、罪悪感などの本音はほんの少しポロッとした形で出ます。聞き手であるカウンセラーが、どの様な反応するかによって、そのポロッと出た本音が子どもが求める支援のパズルのピースになるかどうかが決まります。

子どもたちの見ている世界を一緒に見ていくことは、とても難しいです。無理に家庭の状況を聞くのは、逆効果でしょう。子どもたちにとっての日常は、過酷なものであり、毎日の繰り返しの中で疲弊していることが多くあります。それだけでなく、ヤングケアラーにとって、悩みを吐露することや相手にヘルプを求めることこそ、実は、苦しいことなのではないでしょうか。その苦悩は、外から見てわかる場合とわからない場合があります。何も触れずに、ただ一緒に過ごすことがその子どもの支えになることもあります。

## 3．支援につなげる

子どもたちが適切な支援を受けるためには、まずカウンセラーがどのような支援ネットワークがあるのかを知っておく必要があります。そして、そのネットワークへ具体的にどのように繋がればよいかを子ども一人ひとりに合わせて伝えることが重要です。その際、子どもの発達段階や性格・特性に留意して伝えるようにします。もちろん、カウンセラーの気持ちとして可哀想な子と心配したり、同情したり、助言したいと思うのは当然あってよいでしょう。しかし、カウンセラー側が相談にのってあげているというおごった態度は、目の前の子どもへの適切な寄り添い方ではありません。的確な情報を適切なタイミングで伝えることが求められるでしょう。

## 4．生き方の選択肢〜その子らしい人生を選択するために

子どもの中には、自分さえ我慢すればいいという気持ちに耐え切れず、どこか遠くへ逃げたいと考えることがあります。自分にとって毎日の当たり前の日常が隣の家では当たり前ではないことを知れば知るほど、「どうして私が」という気持ちになるのは明らかです。その場合、周囲への“諦め”が肥大化しており、結局“諦め”るしかないと見誤ってしまうのです。周囲の誰

かの言う「話してさえくれれば」という言葉ほど心を突き刺す槍になり、ますます孤独感を深めるかも知れません。

しかし、ヤングケアラーだからこそ自分らしい人生をみつけていくことが大切と言っても言い過ぎることはありません。応援してくれる存在はたくさんいると伝え続けることを通して、子どもたちに選択肢を見つけてもらう応援をし続けるしかないのです。

学校内では、役割分担をして、チームで子どもに対応することとなります。子どもの支援の選択肢をできるだけ多く準備することが重要です。ここぞという時に福祉サービスや子どもが定期的に同じ境遇の子どもに繋がることができたり、心と体を癒すことができたりする居場所へ繋げられるからです。ヤングケアラーの子どもは、ヤングケアラーを生き抜いています。すでに使命感を持って生きています。その態度やあり方に尊敬や温かな眼差しを向け、家庭丸ごと優しく包む方法を見つけることができます。その優しさを知っている人につながる前、学校内でキーとなる担任・養護教諭・管理職と子どもをどのように出会わせていくかが難しい点となります。それを補うために、スクールカウンセラーが「こういう自治体のサービスがあるから聞いてみない？」という役割を担うかも知れません。担任は、日々を労う役割とし、養護教諭は体調を支える役割になるでしょう。管理職は、家庭との連携にどんな関係者/機関を利用するか、専門家の選択をすることになります。

ヤングケアラーへの支援は、ビリヤードの様に思います。どの方向に向けてショットを打つか、いろいろな方向性を多層的に見ていく力が必要です。子どもが限界だとSOSを出す前こそ実は支援のタイミングなのかも知れません。スクールカウンセラー自身が元ヤングケアラーだった場合には、昔の自分への想いを語ったり、「頑張っているね」といった表面的な寄り添う態度を示したりしがちです。スクールカウンセラーは今、目の前の子どものみる世界を理解したいと願いながら、関係機関のリスト作りを早急に始め、適切な時に、的確な判断によって、関係機関との調整を図るコーディネーターとしていつでも動ける準備をしていてほしいと願っています。

（東京成徳大学非常勤講師　臨床心理士　東京都私立学校スクールカウンセラー　がっこうヨガ代表理事　太田千瑞）

第5章

# 連携
# ③学校から誰につなげるのか：スクールソーシャルワーカー、SSWの仕事の実際から（SSWに頼るプロセス）

■ 安永千里 ■

## 1．はじめに：事例から学ぶ

### 事例1　ヤングケアラーに気づいた学校・医療からの相談

小学校から「夜遅くまで家事をしている男児がいる」と相談されました。スクールソーシャルワーカー（以下SSW）が父の面談に同席し状況を尋ねると、母は事故で入院中であること、麻痺が残ったことでふさぎ込んでいること、子どもは家事だけでなく母の心配もしているとのことでした。SSWが父の了解を得て病院に出向くと、看護師やリハビリ担当の方々が「実はとても心配していました。お子さんのことを心配して毎晩泣いているんだけど、私たちも誰に相談すればいいのかわからずにいました」と話してくださいました。

SSWは児童福祉部局から障害福祉部局や介護事業所も含めたネットワークを構築してもらいました。児童福祉部局は、ヤングケアラー向けのサービス導入を急ぎ、介護事業所は家庭のことで気になることがあれば丁寧に共有してくれるようになりました。SSWは家庭訪問等で精神的に母を支え、担任は、本人への見守りを継続しました。

家庭訪問を重ね、母にも笑顔が出てきた頃、「あの子が大人は信用できないって言いだしたんです」と話してくれました。「最近、先生たちから家事の話をされるようになった」のだそうです。先生方は良かれと思い、男児に家事のアドバイスなどをしておられたのでした。SSWはあらためて先生方に、ヤングケアラー理解や配慮について助言を行いました。

### 事例2　進学についての心配からヤングケアラーに気づく

中学校から「両親が離婚したことで進学費用を心配している3年生がいる」との相談を受けました。子どもに話を聞くと、離婚したことで母が仕事を掛け持ちするようになり、家事を自分がやるので勉強する時間がとれないとのことでした。また、本人としては、経済面からも志望校を諦めなければならないと悩んでいるとのことでした。

そこでSSWは本人の了解を得た上で、母にお子さんの気持ちを伝えるとともに、奨学金や学費補助、貸付金等の情報提供を行いました。母は驚きと安堵の表情を浮かべつつ、慣れない労働で疲弊しているとも話してくれました。SSWは児童福祉部局にも相談し、母支援と家事支援サービスを検討してもらいました。そして、本人に進学を諦めなくても大丈夫であることを伝え、学校側にも、細やかな気配りをお願いしました。

### 事例3　地域住民の気づきを支援に活かす

地域の方が憤って教育委員会に来られたことがありました。子どもが夜遅くまで家事をしていることに気づいて学校に相談したけれど、「元気に登校しているので問題ない」と一蹴されたとのことでした。SSWはすぐに学校へ行き、関係の先生方にヤングケアラー理解と支援について伝え、学校とSSW、地域で誰がどう対応するかを話し合うことができました。

## 2．スクールソーシャルワーカーのヤングケアラー支援

上記の事例のように、SSWは学校や地域の気づきをキャッチし、速やかに支援のネットワーク構築につなげていきます。また、進路面や、学習の悩み、不登校等教育的課題について面談に同席したり、家庭訪問をしたりと、学校を起点にアウトリーチ的な対応を行うことで、ヤングケアラーだとはまだ気づかれていない子どもたちの存在にも目を向けていくことができます。また、ヤングケアラーは、学校からは一見すると問題を抱えているようには見えないことも少なくありません。SSWは職員研修等の機会に、先生方に気づく視点や対応について伝えていきます。また、学校と関係機関の間でとらえ方にずれが起こることもあります。SSWはその修正をしたり、協力体制の再構築を担ったりして、家庭全体への実効性のある支援を組織する手伝いをします。教育現場にいるソーシャルワーカーだからこそ、「気づき」「つなげる」「支援」「見守る」というすべての段階において関わることができるのです。

（東京学芸大学非常勤講師　social work office木蔭代表　社会福祉士　産業カウンセラー）

第5章

連携

# ④医療から誰につなげるのか：医療現場での接点と支援への導入

■ 小林　岳・吉成和子 ■

## 1．医療従事者が考えるべきヤングケアラー支援

私たちが所属している国際医療福祉大学病院では、リハビリテーションスタッフと医療ソーシャルワーカーが連携を図りながら、発達障がい児へのリハビリテーションや入院中の医療的ケア児へのリハビリテーションを実施しております。並行して、家族支援、外部（小中学校や保育園、幼稚園、福祉施設等）との連携を進めています。

医療現場では主に、ケアを必要としている子どもへの支援を考えます。では、なぜ医療従事者がヤングケアラー支援を考えるべきなのでしょうか。当院で支援に携わる立場から考えたことを以下に述べます。

・きょうだいは、私たちが関わる子ども（発達障がい児や医療的ケア児）の家族であり「家族支援」を考える上でヤングケアラー支援を念頭に置いた関わりが求められるため。
・ケアを必要としている子どもへの介入を通して、きょうだいが担っているケアを理解し、場合によっては外部との連携を通して、ケアの負担を軽減する提案ができるため。
・リハビリテーション場面においては、家族の語りに耳を傾け、家族の想いを受け取ることができるため。

上記はあくまでも当院での考え方ですが、このような理由から、医療従事者がヤングケアラー支援に目を向け、積極的に協力体制を整えていくことが必要と考えられます。

## 2．医療現場におけるヤングケアラーとの接点

きょうだい児ヤングケアラーとの接点は学校や地域など様々な場所に点在しており、医療現場もその一つと考えられます。当院の小児作業療法場面では、日常生活や学習、人との関わりなどに困り感を持つ子ども達やそのご家族と接する機会が多く、リハビリテーションの場面にきょうだいが足を運ぶ

場面もあります。医療現場では「患者家族」と一括りにされがちですが、そうではなく、「きょうだい本人」と関わることがとても大切です。これは医療現場だけでなく、他の現場においても同様のことが言えると思います。「～くんのきょうだい、～ちゃんのきょうだい」ではなく、本人を尊重し、関係性を築いていくことが最も重要だと思います。

## 3．医療現場での対話の必要性

医療現場で頻繁に用いられる言葉に、家族からの「情報収集」という言葉があります。情報を集めることを目的にしているこの言葉は、ヤングケアラー支援においては妨げになる可能性があります。きょうだいから情報を集めることに執着しすぎることで、面接や尋問のような空間となり、きょうだい本人の想いに近づけなくなる可能性があります。あくまでも対話、本人の語りを大切にすることが求められます。

## 4．医療現場から地域への繋ぎ　伴走支援への導入

当院を受診した子どものきょうだいがリハビリテーション場面に足を運ぶことができれば、そこで関係性を構築することに尽力します。その後、那須塩原市のヤングケアラー支援に携わる多職種でのカンファレンスにて今後の展開を検討していき、オンライン、オフラインでの支援と結びつけていく流れとなります。

発達障がい児への支援をモデルとして考えてみます。当院では学校や保育園、幼稚園、市の発達検診からの紹介で受診に至るケースが多く、主治医の診察やリハビリテーション、ソーシャルワーカーが関わり、再度学校や保育園、幼稚園など、生活の場への情報提供や情報共有、場合によっては当院のスタッフ（主に作業療法士）が現場訪問をし、包括的に子どもと家族を支えていくという形をとっています。

今後、ヤングケアラー支援においても、きょうだい本人の生活の場（主に小中学校、高校）との連携を密にしていく必要があります。生活現場で関わる大人たちと医療で関わる大人たちが協力し、バトンパスのように受け渡す形ではなく、本人に伴走しながら一緒に繋がる。この考え方を念頭に置いて連携の形を模索していこうと考えております。

（作業療法士　小林　岳　医療ソーシャルワーカー　吉成和子）

コラム

# 3

## レジリエンス

本来物理学用語だったレジリエンスが精神医学や心理学で用いられるようになったのはトラウマ学が発展してきた1970年以降である。

逆境体験やトラウマ体験によって心的外傷後ストレス障害（PTSD）、複雑性PTSDや慢性的なうつ状態等メンタルヘルス上の問題が生じることがあるが、一方で全員が発症するわけではない。レジリエンスは精神健康障害を発症しないか、発症しても回復する逆境に強い人たちに共通する特性を表す概念として次第に注目されるようになった。近年ではポジティブ心理学の重要な一要素に発展し、ビジネス領域で援用され、ネットにも頻繁に登場するようになった。全米心理学会は、「レジリエンスとは、逆境やトラウマ、悲劇的な事態や脅威、または著しいストレスに直面したときに適切に適応するプロセスと」定義しているが、領域拡大に伴い、概念そのものや評価方法、改善に向けたアプローチ等への再検証が課題となっている。

レジリエンスは精神的に望ましくない状態に至るストレス因である「危険因子」とレジリエンスを高め立ち直りを促す「保護因子」の二因子を用いて説明されることが多いが、構造は単純ではなく、例えばジマーマンはレジリエンスモデルを、代償モデル，狭義の保護因子モデル，チャレンジモデルの３つに分類している（Zimmerman, 2013）。レジリエンスに影響を与える因子研究は、大きく個人的、環境的、生物学的特徴の３つのレベルに分かれるが、家庭環境に関する研究は特に多く、親によく世話をされている子どもは成人になるとレジリエンスが比較的高くなること、安定的な愛着はより高いレベルのレジリエンスを予測し得ること等が指摘されている（韓ら、2022）。

レジリエンスの働きを解明するプロセス研究とともに、改善や向上へのアプローチ開発が盛んになっているが、社会構造や個人の特性など個人の努力だけでは改善が困難な部分も多々含まれるため、ヤングケアラーのレジリエンス介入にはとりわけ尊重と配慮が必要である。

加茂登志子

# 第2部

# ヤングケアラーを支援する

第6章

支援の実際

# ①活動する元ヤングケアラーとして感じている問題

**対談**

## 1. はじめに

**河西**　河西と申します。母が統合失調症を抱えている元ヤングケアラーで、25歳です。立命館大学でヤングケアラーの研究をしていて、当事者の立場からいろいろ意見を発信しつつ、支援に何が必要なのかを検討する活動をしています。

**門田**　門田と言います。小児科医をしています。発達障害を専門にしてから20年くらいです。現在46歳です。１年前に学習障害の疑いで来た方の検査をいろいろやって、２、３カ月してから、家族の世話をして大変だから学校で寝てたのを「学習障害疑い」とみなされていたことが発覚して、その時に、ヤングケアラーという言葉に出会いました。

**仲田**　仲田と申します。私は、河西さんと同じく元ヤングケアラーという立場で、今29歳です。父が躁鬱病で、家庭内暴力もするような父でした。仕事はしていたんですけど、家庭は崩壊気味で、３歳上の姉が中学校時代にいじめをきっかけにして、精神疾患を発症しました。最終的には二十歳の時に統合失調症の診断が出ました。今、僕が専門家だから分かりますが、症状自体はすでに中学校時代から出ていて、診断とか服薬とか治療があまりにも遅すぎました。これは地域医療の課題だなと個人的には思っています。支援者として作業療法士もしています。

では、河西さんの経験について、話せる範囲でいいので、子供時代のことからお話し頂きたいと思います。

**河西**　私の経験談を時系列にお話をさせて頂ければと思います。私はもともと、両親と三人家族で、父、母、私で、兄弟がいない家族構成でした。小さい頃は三人で住んでいたんですが、その頃はまだ母は統合失調症ではありませんでした。ただ結婚後はちょっと精神的に不安定な様子があったみたいだと後から聞きました。

－家庭の状況－

幼いころは両親の喧嘩がすごく激しい家庭で、お互いに手が出ることもありました。それを目の当たりにするという意味で、あとからそれが「面前DV」だったことを知りました。幼稚園ぐらいのときに父が家を出て、別居という形をとりました。でも、離婚はせず、父は目の前のマンション借りていました。

小学校に上がると、そのころ私と母との関係は、他に家族もいなかったので仲が良かったです。父は厳しい人だったので、父vs.母・私みたいな構図がありました。父から母が責められた時には、私が母を慰めたり、話を聞いたり、母が病気になる前はそういう関係だったかなと思います。

－小学生の頃－

小学校の頃は、まだ母は家事などもできましたが、ちょっとずつ、しんどい様子というか、寝込む様子が増えてきました。その間、私は週末になったら、友達の家で晩御飯を食べさせてもらったり、祖父母の家に行ってご飯をたべさせてもらったりして、小学校低学年から中学年くらいの頃は過ごしていました。

母と二人での生活でしたが、はっきりと母の症状が見られたのは小学校５年生ぐらいだったと思います。その時に、母が独り言をつぶやいたりとか、一人でずっと笑っていたりすることが頻繁にあって、私は何で笑ってるのか分からないし、何を独り言でぶつぶつ言っているか分かりませんでした。私の場合は、母が途中から病気になったので、それまでの様子と全然違って「何かおかしいな」っていう感じはわかりました。

母方の祖母がいるんですけど、その祖母に、学校帰りに公衆電話で電話を掛け、近況報告がてら、母の様子が何かおかしいっていうのを話していました。

－中学生の頃－

中学に上がってから、中学校３年間で、母は一気に病状が悪化してしまい、私を束縛するようになりました。学校を無断で欠席させたり、友達と遊びに行かせなかったり、外に一人で出かけることもできなくなりました。近所のコンビニに出かけようとすると、寝込んでた母が突然起きあがって、外出を力ずくでとめました。一方で、私は母の外出に付き合わされました。夜中まで繁華街をずっと母の隣で歩き続けました。独り言をぶつぶつ言っている母の隣で耐えなければいけませんでした。何時間歩くのか、どこに行くのかと訊いても教えてくれませんでした。私は帰ってから宿題をしたり、お風呂に入ったりして、結局夜中に寝るという生活が日常化していました。私自身もメンタルに不調をきたし、お風呂場で叫んでしまったり、自分自身のことがすごく汚いと思ったりしていました。家の中は掃除されていなかったので、それで自分のことが汚いって思いました。お風呂に入ったら２、３時間身体をずっと洗い続けてしまうことが中学時代にあって、限界を感じていたと思います。ヤングケアラーの中にはしんどいって思っていない人もいますが、私の場合は、はっきりと自分のしんどさを感じていました。

祖母には近況報告の折に、母の状態を伝えていたので、祖母は役所に行って相談してくれました。役所は「治療するには本人を家族が説得して下さい」「本人を病院に連れて行ってください」という対応だったようです。

中学卒業の時に母は一回目の入院をすることになりました。医療保護入院で無理やり入院させる形になりました。

－高校生の頃－

母の入院後は母方の実家で、叔父、叔母と一緒に高校から大学卒業まで住むことになりました。私の養育の実権が母から祖母に移ったことで、自分のやりたいことができたり、部活に入ることができたりして、少しずつ自分のメンタルも安定してきたと思います。

高校２年の時に母が一度退院をし、再び一緒に住むことになりました。最初の頃は会話もでき、たまに体調がいい時は夜ご飯も作ってくれました。「良かった」と思っていましたが、数カ月後に悪化してしまいました。母は薬を飲むのを途中でやめていました。

大学受験の頃は、受験のストレスに加え、母が隣の部屋にいたので、勉強中に独り言が聞こえたり、部屋に入って来れば妄想の話を聴かなければいけませんでした。

－大学生の頃－

大学に入って、ケアの役割が若干変わりました。中学の頃はその状況に巻き込まれることが多かったのですが、大学に入ってからは、祖母と一緒に役所に相談に行ったり、入院の必要あれば病院の見学に行ったり、母の今後により主体的に関わる立場になりました。

大学３年生の時に医療保護入院で母は二度目の入院をしました。申し訳ないなと思いながら、力ずくで連れていきました。「あなたのほうがおかしいんじゃないか！」と罵声を浴びせ、暴れている母を見るのはショックでした。面会には祖母と一緒に頻繁に行きました。

そこに一年半ぐらい入院して、私が大学卒業するときに母は二度目の退院をしました。家族の間では退院後にどの病院に通院するかを巡って意見が分かれました。私が間に入って調整をしましたが、それがしんどくなり、退院のめどが立った頃、いったん私はこの役割から抜け出したいと思い、大学卒業と同時に家を出ました。

－大学院に入ってから－

京都の立命館の大学院に入り、京都で一人暮らしを始めたタイミングで、母が新しい病院に通院を始めましたが、キーパーソンだった祖母が心筋梗塞で亡くなり、キーパーソン不在の中でケアの分担が始まりました。薬の管理や通院の状況が気がかりで、一人暮らしをしたにもかかわらず、最初の一、二年目ぐらいは頻繁に家に帰っていました。

多忙だったことも重なり、しんどくなっていました。メンタル的に不安定になり、カウンセラーに頼っていました。

大学院の終わりの頃、引っ越しをし、実家に帰る頻度が極端に減りました。それは私の中では大きな出来事でした。帰省は３、４カ月に１回になり、日帰りでちょっと様子を見る形で現在も続いています。

## ２．小学校の頃の負担について

**仲田**　ありがとうございます。確認したいのですが、小学校に行っている頃の話で、最初は悩みを聞くとか、機嫌を観察するだけで、負担をあまり感じていなかったのでしょうか？

**河西**　そうですね。はい。

**仲田**　そこから、支障がで出始めるというか、ちょっときついなって感じ始めたり不満を感じたタイミングはどのような時でしたか？

**河西**　それは、母の独り言とかの症状が現れた後で、一番しんどかったのは中学時代だったと思います。学校を欠席させられて勉強が追いつかないとか、夜中に寝るので授業に集中できないとか。あと、部活とか友達と遊びに行くことも制限されていたので、友達と比べて理不尽さを感じていましたし、誰にその不満をぶつけていいのかも分かりませんでした。

**門田**　友達とか先生とか周りの人に伝えてみようとされましたか？

**河西**　自分から言いたいと思ったことはありませんが、タイミングがあって言ったことはあります。祖母が学校に事情を話してくれていたので、担任の先生に呼び出され、放課後別室でちょっと話してほしいと言われ、その時に状況を全部泣きながら大人に初めて話しました。私は変な家庭だと思われると思っていましたが、先生の反応が変わらないのを見て安心して涙が出たんだと思います。

誰かに言ったことによって、何か具体的に状況が変わったわけではありませんが、三者面談の時に、母に対して、「娘さんも一人で行動できる年なので」と言ってくれたりとか、先生が協力してくれることがありました。

友達に関しては、遊びの誘いが増えましたが、断らないといけなくて、「お母さんがダメって言うんだよね」と言うくらいで、統合失調症とかそういう説明はしませんでした。近い友達には「ちょっと家の事情で」くらい伝えました。ただ、事情を受け入れてくれた友達が二人いました。その後もずっと仲が良いままで、うち一人は今も連絡を取り合っています。

**門田**　自己開示の難しさをケアラーの皆さんはよくおっしゃると思いますが、先生に声を掛けられて、話そうと思ったのはその先生には話してもいいって思えたんですね。

**河西**　そうですね。祖母と頻繁にやりとりしていたので、知っていることが安心につながったんだと思いますし、私と普段から割と話をしていて、距離がそんなに遠くなかったので、それで話せたっていうこともあったと思います。

**仲田**　学校を休むことで、内申とか成績とかに影響が出る場合もあると思いますが、相談することによって、そういう学業面も支えてもらえましたか？

**河西**　どうなんでしょう？　何かがすごい変わったわけではありませんでした。提出物も頑張って出していましたし、「ちょっとくらい遅れていいよ」とか、そういうことはなかったです。

**門田**　配慮することで大きな変化があっても、特別扱いされているということで、すごく違和感が出てしまうこともあるし、なかなかどちらも難しいですよね。

**仲田**　学校に行ってる間に体調が悪くなって保健室で休むとか、そういうことはなかったですか？　私は中高生のころよくあって、家庭の事情を理解してくれたら、保健室で休むことを安心して先生に言いやすくなったんですけど。

**河西**　そうですね。しょっちゅう体調を崩していたので、頻繁に保健室に行っていたという記憶がありますが、保健室の先生に事情を話したかっていうと、家のことは話しませんでした。でも教室から離れられる場所があるというのは大きなことだったなと思います。

**仲田**　学校の現場の先生は、どう気を遣えばいいのか分からないというか、どう声かけたらいいのか分からないのかなって思っています。先生を嫌だなと感じた瞬間ってありましたか？

**河西**　なかったと思います。多分、先生もどう関わって良いか分からなくて、ただ、聴いてくれたっていうことが大きなことでした。変だって思われていないという安心感がありました。

**門田**　発達障害の診療やっていて大事にしていることですけど、分からないものは分からないとしてお互い観察するにとどめる。それで善い悪いは無いというような対応をすべきだと考えています。結論を急がないことの方が当事者には楽なようです。

## 3．元ヤングケアラーとして当時してほしかったことについて

**仲田**　河西さんは取材とかで困りませんか？「当時どういうふうに声を掛けられたかったですか？」とか。

**河西**　そうですね。定番の質問です。

**仲田**　一問一答の答えは無いですよね。目の前の人がどんな気持ちであるかっていうのをまず聞くっていうことが最も大切なんだと思います。気を遣って「大丈夫か、大丈夫か」と言われると、自分の気持ちを分かってくれていないと思ってしまう。先生がそうやって傾聴のスタンスをとってくれたっていうのがすごい大事だったんじゃないかなと思うんですね。

## 4．ケアへの負担感は変化する

**門田**　ケアをする生活がすごくしんどくて言えない人もいる一方で、逆にしんどくないって思っている人もいると思うのですが、何かそこはありますか？

**仲田**　感じ方についてですね。河西さんの話を聴いてて思ったのは、自分自身の状況の変化があるだろうし、お母さん自身の、ケアをしている対象の方自身の体調とか、状況の変化で起こっていると思いますが、どうですか？

**河西**　わたしもそうかなと思います。私の場合、途中で母が病気になって、明らかにそれまでと変わったっていうのは私の違和感とかしんどさを感じる大きいポイントだったと思います。そのあと、中学で母の病気が悪くなって、私への影響というのがさらに大きくなったっていう変化もさらにしんどいって感じになった一つのポイントだと思って、状況が変わったっていうのは大きいと思います。

**門田**　困り始めた時のおばあちゃんの存在って大きかったですよね、きっと。

**河西**　はい、そうですね。大きかったです。唯一頼れる存在でした。父も近所に住んでいて朝は会って「困ったことないか」とか訊かれるんですけど、父に正直に話すと母のこと怒っちゃうんで、それがすごく嫌で、反抗期もあったと思うんですけど、この人には何も言えないなっていうのはずっとありました。母方の祖父は昔ながらの考えで、一回家を出たものは知らんみたいに、母のことをあんまりちゃんと考えてくれませんでした。祖母がいなかったら、母が入院になっていたかどうか分かりません。医療に繋げるのが難しい中では、頼れる親族がいるかどうかっていうことに左右されてしまうと感じます。

## 5．傾聴か、サポート（支援）か

**門田**　頼れる親族がいない家族で、同じような状況の方もいらっしゃると思うんですけど、どうしたらいいですかね？

**仲田**　私の場合は、先生にただ話を聞いてもらうだけじゃなく、我が家をどうにかしてもらわないと困る、傾聴ではなくて問題に対処してくれる大人を探してもがいていた時期があったんですけど、河西さんもそうなっていた可能性がありますか？

**河西**　あると思います。実際、傾聴を求めたっていうのもありますけど、一番は状況を変えて欲しいっていうのを思っていて、実は一回だけ、児童相談所に繋がりかけたことがありました。母方の祖母と叔母が児童相談所に相談に行っていたのです。結局私まで繋がらなかったので、家族以外と繋がるきっかけが断たれてしまい、唯一入院でしか状況が変わらないだろうって祖母の話から理解していました。それも難航してるんだなっていうのも話を聞いてて思って、自分には何もできない、大人でも状況を変えるのが難しいのかっていう絶望感で、親族がいてもこのまま入院が出来なかったら、私が大学生とかになっても母にずっと拘束され続けるのかなって、本気で悩んでいました。

**仲田**　交通整理をしてくれる第三者がいたら、助かるのかなっていうところですね。河西さんは担任の先生に話したけど、スクールカウンセラーとかスクールソーシャルワーカーには繋がったことはないですか？

**河西**　まったくないです。

**仲田**　実際、僕に関してもスクールカウンセラーに繋がったけど、結果は同じように話して終わりでした。今の話を聞くと、祖父母の親族から児相に相談して、一回聴き取りがきっと入ったんでしょうね。入ってたとしても河西さんに第三の大人が話を聴くとか、支えるっていうところまでは至らなかったっていうことですよね。

**河西**　そうです。

**仲田**　精神科はどうですか？　実際に病気のことについてお医者さんとか、支援者の方から説明してもらった経験ってありますか？

**河西**　会うことはありましたけど、説明はちゃんと受けたことはなくて、祖母がもしかしたら受けていたかもしれません。役所で、パンフレットを見せられながら統合失調症の説明を一回だけ受けたことがありました。精神科の先生は私を気にかけてくれるとかは特になくて、母の話が中心なので、母の代わりに受け答えする、そういう関わりでした。

## 6．医療担う役割

**門田**　病気の方と周りの人に伝えるっていうのはすごい大事かなと思って。本人も病気のことを客観視できたり、他の人でうまくいっている治療法を選択しやすくなったり、周りの人はさらに客観視できるし、家族も自分のせいにするようなことが減ると思います。大学に入ってお母様の病気の見方は変わりましたか？

**河西**　客観的に距離をとって「あぁ病気なんだな」と患者という視点で見られるようになりました。母としても見ますけど、病気や薬の服用の説明を受けて「あっそうか、こうしないといけないのか」っていうのを理解しました。

**仲田** 「親としての親」「病気の症状のある親」っていうふうに分けて考えられると、気持ちの線引きがしやすくなるのかなと思います。ケアラーのみなさんおっしゃると思うんですけど、一般的な支援者よりも、家族は毎日接するので身近な分、症状を現象として既に知っていることが多いと思うんですよ。

**河西** そうですね。単に行動だけ見てたら「なんでこんなことしてるの？」と思いますけど、病気として理解する、そういう枠組みを手に入れることで説明がついて、母親として必要以上の期待をしなくなります。過剰に期待しなくなる分、そこのしんどさは無くなるので、できないことはできないんだなと。で、それは病気のせいだし、「仕方ないかなぁ」ということで、過去の母親と比べる必要もないし、新しい母と付き合っていくというか……。

**仲田** 河西さんのお話にあった、薬をちゃんと飲ませられなかったのは自分たちのせいだっていうふうに思ってしまうのは往々にしてあることです。症状が悪化するとか、苦しんでる姿を見ることで、「もっとこうしてあげられれば良かったな」ってケアラーの人たちや家族は思ってしまうんです。医療や福祉はその辺、家族に委ねてしまっていることが現実あるんで、服薬管理能力とか病識とかも含めて医療の側面からきちんとアセスメントして介入できていればよかったんじゃないかと思います。

**門田** そうですね。その辺アドバイスしてくれる方が一人でも医療者にいるといいですね。

**仲田** たぶん、医療者の側からすると「あぁ、飲めなかったんだねぇ」ぐらいだと思うんです。

**門田** そうですね。

**河西**　母が１回目の退院後に街のクリニックに通院をしてたんですけど、服薬をやめてしまって、また悪化したことがありました。その時に、祖母も私も感じてたんですけど、「お医者さんはちゃんと母の状況を分かってるのかな？」ということです。診察も短くて、診察室に入って「最近どうですか、眠れてますか、変わったことありますか」って訊いて、母は「大丈夫です」しか言わないので、それで終わりっていう感じです。その症状に合った薬が処方されているかどうかも分からない。服薬をやめてしまったっていうことも多分ちゃんと伝わっていなかったと思います。あとは、そもそもその病院が私の母みたいな統合失調症の症状に対応できるクリニックだったのかどうかも分かりません。病院選びについて教えてくれる人もいないので、とりあえず母がここがいいって言ったクリニックにしちゃったんです。そういうこともあって、悪化した原因に直接結びつけていいのか分からないですけど、家族としては、病院選びだとか、診察の仕方だとかも悪化してしまった背景にはあるのかなっていう思いがあります。

**仲田**　移行医療の課題ですね。主治医が変わるとか、河西さんみたいに病院自体が変わるとなった時に、それまでの情報の引継ぎについてはどうですか？

**門田**　そうですね。紹介状があって、どんな理由で最初の病院を受診して、どんな診断になって、どんな治療して、この薬は効いています、この薬は効かないです、までの情報はあります。ただ、河西さんがおっしゃったような、飲ませるのが大変とか、「この薬ってどういうものだろう」って本人やご家族の葛藤までは見えてこないので、患者さんを目の前にした時に訊くということが大切になってくるかと思います。一人の患者さんだけじゃなくて、家族全体を看るっていうのが、行政も学校も課題なのかなと思います。

**仲田**　学校生活でどういうこと困っているのかっていうのをご家族と共に一緒に把握するっていうのが我々医療従事者のできることなんじゃないかなと思っています。

## 7．家族のこと（困ったこと等）を話せないしんどさ

**河西**　大学の講義とかで、ヤングケアラーの自分の経験を話させてもらって、アンケートをしたりすると、ヤングケアラーに限らず、そもそも家の話はあんまりしないっていうのが結構あります。あと、別に病気や障害の家族がいるわけじゃないけど、なんか家族のしんどさを感じてますみたいな人がいたりします。自分と家族を切り離して考えられなくて、家族の事情に巻き込まれてしんどいみたいな。家族と距離を物理的にっていう意味だけでなく、心理的に距離を取って客観的に見るっていうのも難しいのかなと思いました。

**門田**　大事なポイントですね。家族の中に脆弱性（体や心の弱さを持っている）のある人に不適応が起きてしまったとき、「家庭っていろいろあるよね」だけで終わらせてはいけないんじゃないかと思うんです。

**仲田**　たとえ客観的に同じ状況に置かれたとしても受け止め方や感じ方って個人それぞれじゃないですか。何とか頑張れるタイプもいれば、しんどい人もいる。例えば、ケア何時間や行為そのものの切口のみで、一般化しすぎてケアのしんどさの切り口を作ってしまうっていうのは主観を捉えられないリスクがあると思っています。大事なのは、その本人が主観的にどう思っているかっていう、本人の主観的な評価をどれだけ取り入れるかっていうことのほうが大事なんだと思うんですね。

**河西**　そうですね。ケアの時間とか、頻度とか、そういうもので負担が測られてしまってるなぁと思っていて、でも一時点でそれを見ただけでも不十分で、その時点ではもしかしたらそういう指標では負担は少ないかもしれないけど、状況が変われば、本人の主観がしんどくなったりとかっていうこともあり得ると思うんです。

## 8．物理的な距離がもたらすもの

**仲田**　さきほど、「物理的な距離」と「心の距離」って話しされてたじゃないですか。アパートの住む場所を変えただけで、ちょっと心配で何度も行

ってたけども、その頻度が減ったとか、それって物理的な環境が心を保つことにも繋がっていると私は思いました。

**河西**　自分がケアしないといけないような事情がある人もいると思いますけど、いきなり家から距離を取るってだけじゃなくて、同居してケアをしながらでもしんどいってときに、家族と距離を取って落ち着いて考える時間を確保できる方法が仕組みとしてあったらいいなぁと思っていて、安全な家出ができる、ケアしながらでも自分のことを考えたり、客観視して考えられる時間と場所があるといいなと思っています。

**仲田**　それが世間では、第三の居場所事業を指すんだと思うんです。全国的には動き始めているんですけど、法人としてであったり、補助を得て半公的なかたちで子ども食堂や子どもの居場所が運営されています。

**門田**　第三の居場所を探すのはどうしたらいいでしょうか？　まず第三の居場所に繋がるきっかけを作って「あ、なるほど。なんかあんまりいろいろ解決してないけど、離れるとまぁそれなりに楽なのかなぁ」とか分かってくると、タスクが増えたとしてもケアを選ぶ人も多いのかなぁって思いました。

**仲田**　河西さんもきっと自分なりの居心地のいい距離感をこれからも調整していくと思うんで、その連続の模索を一緒にして行くっていうことが支援者には大切かなと思います。

**門田**　ピアサポートって対面とか、SNSとかいろいろあるっていうことで、若者は結構SNS使ってるとかいろいろ聞くんですけど、河西さんは如何ですか。

**河西**　あるピアサポートグループにアドバイザーとして入っていますが、誰も集まらない。今は、あんまり意義が分かってないまま、とりあえず作っちゃうみたいな流れがあるのかなっていう感じはします。

## 9．イギリスでのピアサポート

**仲田**　イギリスに視察に行ってきてどうでしたか？

**河西**　子どものピアサポートグループは見れなかったんですが、ヤングケアラーの親の側のピアサポートは見ました。イギリスはすごい進んでるようにもみえます。ケアラー支援団体の数も何百あって、日本と圧倒的にチャリティの広まりが土台として全然違うので。それでも、ヤングケアラーの認識のされ方は、かわいそうな存在と見られたり、親を責めるような風潮もあり、日本と共通する課題がありました。でも、民間の支援者の人と研究者と政策を考える人とみんなでその点を国に訴えているっていうところは、日本と違うと感じました。ヤングケアラーという言葉の広まり、そこにはメディアによる描かれ方がイギリスでも問題だということがありました。

**仲田**　ピアサポートって「参加者が少ないですね」って言われることがあるんですけど、僕は一人でも申し込みがあればやる価値があると思っています。この人と話したいから時間を作るっていうことのほうが僕は大事なんじゃないかと。それは多分作る側に欠けてる視点だと思います。

**河西**　ほんとにそうだと思います。一人の人のためにっていうのももちろんそうですし、人によっては大人数だとしゃべりづらいとか、少人数だからこそ安心して話せるっていうので。

**仲田**　役所に行ったら、福祉サービスは一覧表渡されて特定の企業の斡旋になるからあなたの家に合うものは教えられないよって役所に言われてしまう現実があり、その相談を地域のピアサポートが代替して担っている側面は歴史的にも日本はあるのかなとは思いますね。

## 10．医者からできる連携

**門田**　小児科に来る患者さんのきょうだいとかご家族がケアをされてるケースが多くて、患者さんをずっと診てるから信頼関係ができやすいのもあって、そこからの情報提供は、なんとなく現場感覚ではやりやすいのかなと思っています。そうやってしっかりと伴走しながらリレーするように繋いで行けるような流れも一つあっていいかなと思います。家族丸ごと支援の考え方を醸成したいというのが一つと、あと、医療とか福祉の現場で患者さんのそばにいる人がちょっと気になったら助けられるような土壌を作ることが必要なんだと思います。そういった医療からっていうのってイギリスとか関西の方とかで何か聞かれることありますか？

**河西**　関西では聞かないですね。少なくとも私の周りにはあんまり医療関係の人との繋がりがなくって。昨年、私がやってるプロジェクトで支援者向けにプログラムをやって、その中で、栃木県の宇都宮市の高橋昭彦先生をお呼びしました。「うりずん」の高橋先生をお呼びしたのが、医療との初めてのつながりです。イギリスでも医療からヤングケアラーに繋がるっていうところはこれからもっと訴えられていくところかなと思っています。

**仲田**　日本だとまさに「うりずん」など医療的ケアのお子さんの病棟では歴史的にきょうだい支援とか親支援が為されてきてるっていうのは、逆に独自の文化でもありそうですね。

今、門田先生の自治医大だけじゃなくて、県北、栃木の北の那須塩原地域にある大学病院があるんですけど、僕の知り合いの作業療法士もヤングケアラーについて勉強をして下さって、親のことも一緒に来るきょうだいのことも気にかけてくれてるんですね。その方がおっしゃった言葉で、「リレーのように途中まで一緒に走って、それからバトンを渡す。すぐバトンをポンと渡すんじゃなくて、リレーを一緒に走りながら繋いでいくことが、連携において大事なんじゃないかな」とおっしゃっていて共感ました。学校との連携とか、行政との連携とかいろんな連携の視点がありますからね。

OT.PT.ST（作業療法士・理学療法士、言語聴覚士）がいて、病院にはソーシャルワーカーがいたりするので、そのソーシャルワーカーとコメディカルが話し合って連携のスタートを切ってもらえることが大事だと思っています。

河西さん、ありがとうございました。

コラム

# 4

## 相談につなげるために自らを開示：SOSが出せない

一般社団法人ヤングケアラー協会代表理事であり、元ヤングケアラーでもある宮崎成悟氏によると、ヤングケアラーの主な悩みの一つとして、相談相手がいないことによる孤立があるとのことです。

日本財団のデータでは、世話をしている家族が「いる」と回答した中高生に、世話について相談した経験の有無を質問したところ、いずれの学校種でも、相談した経験が「ある」が２〜３割、「ない」が５〜６割という結果でした。世話について相談した経験が「ない」と回答した人に、その理由について聞いたところ、以下のような理由があがりました。

１．誰かに相談するほどの／家族外の人に相談するような悩みではない、２．相談しても状況が変わるとは思わない、３．家族のことのため話しにくい、４．誰に相談するのがよいか分からない、５．家族に対して偏見を持たれたくない、６．家族のことを知られたくない、

支援者から見ると相談してくれない状況はヤングケアラーに限ったことではなく、日本人一般にも共通することと考えられます。それは欧米と比較し、自己開示、特に自分の家庭のことを外部の人に話す習慣が少ないからです。それゆえ、まず相談につなげる支援が重要です。そのためにも、相談力が弱い人の特徴を知っておくといいでしょう。

１．困っている自覚がない、２．自分の力だけでできると思っている、３．誰かに相談していいと思っていない、４．相談したくても仕方がわからない(いつ誰にどのタイミングで)、５．相談したくても言語化できない、６．最初の相談体験がマイナスだった、７．だめな自分を見せたくない、８．親に心配をかけたくないので相談しない、９．相談する相手・相談する行為に安心安全を感じられない

(出典：高山恵子（2020）『自己理解力をアップ！　自分のよさを引き出す33のワーク』合同出版)

相談に来るのを待っているだけでなく、特に上記のような特徴を持った子の場合、支援者の方からちょっとした声かけをするということも、相手が話したいと思うきっかけづくりになるでしょう。

高山恵子

第6章

支援の実際

# ②元ヤングケアラーの事例（きょうだいケアラー）

■ 仲田海人 ■

## 1．はじめに

私は現在30歳、栃木県・埼玉県・千葉県でフリーランスの作業療法士をしています。

小児発達外来やグループホームにて非常勤で働きつつ、福祉サービスを利用する方のアセスメントや対応方法の相談対応などを行っています。生まれ育った環境としては栃木県那須塩原市の典型的な核家族で、隣市に両親の親戚がいる家庭に育ちました。父は躁鬱病を抱えながら（後に私が成人になってから発達障害もあるとわかりました）仕事をしていましたが、すぐに機嫌を損ねて私が物心ついた時から腹の虫の居所が悪いと家族全員にDVをすることもありました。そのような状況で、母は専業主婦として私と3歳上の姉にいつも愛情を注ぎ、家庭における子どもの心理的安心を作ってくれていました。しかし、親としては、我が家に必要な制度を調べたり難しい事を学ぶことは困難な母でもありました。後に具体的な経緯は記載しますが、このような出口ナシとも言える家庭の事情をきっかけに作業療法士を志したのです。

## 2．きょうだいケアラーとしての状況が始まった小学生の頃

私にとって姉は「面倒見の良い頼れるお姉ちゃん」でした。私がお店に行っても欲しいものが口に出せなかったり、学校に忘れ物をよくする私を気にかけて教室まで来てくれるような非常に優しい姉でした。

しかし、私が小学校高学年の頃、姉は中学生になりました。その頃からいじめが始まりました。心ない悪口をたくさん言われました。その後は、統合失調症の症状が出始め、姉は不登校の状況に陥りました。私は物心をついた時から父に対して、きょうだいとしては小学校高学年から姉に対してヤングケアラーとして自分の事は後回しにするマインドになっていました。夜遅くまで火がついたように不機嫌な父を宥めたり、姉の幻聴の話を聴いたりしていました。いつのまにか、私の中の心にあった姉の像は目の前から消えてい

て、きょうだいの立場が逆転してしまったようでした。

この日常が私にとっては当たり前で、どんな辛いことがあって泣いた夜も、次の日になれば学校に行って授業中でも遊んでいても平静を装っていました。無理をしてというより私にとってそれが当たり前で、私自身が楽しく生きて行くために必要なことでもありました。いくら平静を装っても学校で眠くなったりすることがありましたが、小学生ほどの宿題の量では私は問題はありませんでした。こんなことが続くうちに、異常発汗や頭痛、吐き気など自律神経失調などの身体症状が私に出てきました。これは、今思えば小児の逆境体験からくる体のSOSだったと思います。

小学校生の頃は家庭の事情に限らず「大人に相談する」という発想そのものがありませんでした。さらに、この頃は自分の悩んでいることを明確に言語化できていたかというと難しい部分があったかと思います。近くに住んでいる親戚ともたまに顔を合わせ会話することはあっても、ケアに関する話や困り事まですることはありませんでした。

## 3．友達との違いに気付きながらも過ごした中学生の頃

中学生になった時、思春期の到来と同時にやっと家庭を客観視することができてきました。同じ年代の友達は部活にエネルギーを費やし、恋愛話に花を咲かせる。私も勉強や部活や遊びにも手を抜きたくないし、好きな子もいたし、デートもしていました。そのため、友達と似た心理状況になっていましたが、家に帰ると学校とはまた違う世界が待っている。学校にいる間は家庭から感情を切り離して部活動に時間をたくさん費やすことができても、家に帰ると忙しく、TVをゆっくり観る時間なんてない。たったそれだけでも次の日のクラスの話題について行くことができないのです。思春期の私は同級生が当たり前にしていることを平等かつ十分にできないという葛藤がありました。この頃は友達には隠さず家庭の事情を話していましたが、大人には希望する高校の進路相談くらいでした。しかも選択肢は実家から通える範囲と決まっていましたので、それ以上のことを相談する必要性は私にはありませんでした。

## 4．将来を真剣に考え始めた高校生の頃

それから高校生になり、２年生の時に初めて大人に相談する機会がありま

した。大学進学を考え始めたからです。私はロボットやSFが好きだったので工学部に行ってロボットや宇宙産業に関わりたいと思っており理系を選択することになるのですが、行きたい大学を考えた時に他県に行くというハードルと生活費と学費を工面するための経済的ハードルが出てきました。こういった経緯で、親以外の大人に相談する必要性が出てきたのです。はじめに担任の先生に話してみましたが、家庭の事情を聞いた先生は困ってしまいました。困った先生はスクールカウンセラーに話すことを私に勧めました。私は勇気を出してはじめて大人に相談した結果、たらい回しをされたという孤独感に苛まれました。スクールカウンセラーに相談するにしても、家庭の事情を話すために学校の授業を休んで学校の薄暗い角部屋に行くのは心理的ハードルの高さを感じました。登校しているのに授業を抜け出したことはクラスの皆に気づかれるし、抜け出した理由を聞かれたらどう言えばいいかなど相談の内容とは別に不安なこともたくさんありました。私の10代の頃はスクールカウンセラーに接触することはあってもスクールソーシャルワーカーと接することはありませんでした。

こうした当事者としての経験として、子どもが相談した時に学業に不利益がなく、かつたらい回しにならない相談体制が大切であると私は考えています。

実際にスクールカウンセラーにも担任の先生に話した同じことを相談したところ、「私は君の心の整理をするお手伝いはできるんだけれども、君の家庭で起こっていることには介入することができない」と言われました。私は心の中で「またか」「大人はどうせ何もしてくれない」と大人への信頼感を喪失してしまいました。私のSOSは見捨てられたのです。その後大人から特別何かしてもらえたことはありません。厚労省の調査項目でケアについて相談をしたことがない理由を「相談しても状況が変わると思っていない」と回答したのが中高生で２割を超えていたことについて私は非常に共感できます。これは多くのこどもが大人に対して不信を突きつけていると捉えるべきで、相談しない理由の第２位に当たります。こうした子どもを取り巻くこの絶望感、このままでいいのでしょうか。大人も子どもが相談しやすい日頃の関係性づくりや相談をただ聞くのではなく、状況によって子どもが現状の改善を期待しているのであれば責任を持って伴走してほしいのです。

親に学費の話をすると、父には「そんな金はない」と一蹴されましたが、母は「この子のやりたいことをやらせてあげたい」と応援してくれました。

そんな中、姉の症状はどんどん悪化するばかりで、両親は私よりも姉につきっきりで疲弊していました。そんな状況の両親を自分のことで更に心配させることに引け目を感じていました。姉は、20歳を過ぎてから「統合失調症」と明確な診断がやっと出て治療が始まりました（それ以前に症状は明らかにありました）。その後、姉は精神科病院に入院することも増え、退院した時には父と姉は衝突し、姉は家の中で暴れまわり物を投げて壊しては壁に穴をあけ、父と取っ組み合いの喧嘩をしていました。包丁を持ち出すこともあり警察が家にきたことも何度もありました。私の高校生の頃に求められる家庭での役割は喧嘩を仲裁することでした。こうした役割を積極的に担うようになったのも、必然的なことでした。警察が来たって、喧嘩の仲裁をしてくれても根本的解決をしてくれるわけではありません。唯一心の支えになっていた母ですが、姉のことや父のことで泣いている母をみて「なんて自分は非力なんだ」と自分を責めました。母自身も親として抱えきれない悩みを抱えていたんだと思います。子どもの私はそれを分け合えるように母の力になりたいと思っていたのです。とはいえ、家族の課題が私の将来まで巻き込んでいることは当時は何となくわかっていても社会の助けがないため抜け出せない状況にありました。

## 5．大人への信頼を無くし専門職になることを決心した大学生の頃

高校２年生になり今後の進路が自分や家族のこれからに関わります。決心して親に話し姉の主治医に直接話しに行きました。しかし、相談した結果「お姉さんは入院するか、家庭でみるしかない」という言葉が待っていました。家庭で困っていることや自分の将来についてすべて赤裸々に話しをしましたが、私の代わりに役割を担ってくれる大人の存在に出会うことはできませんでした。地方には、家族の役割を代替してくれる訪問看護などの医療体制やグループホームなどの住居的支援などはほとんど存在せず、「家庭でなんとかしてね」と言われやすい構造があります。そのため、私に与えられていた選択肢は非常に少なく大人に何かを求めるのをそこで諦めました。だから、当時思っていた工学部に行きたいという夢は諦めることになりました。家族の最も役に立ち、人間の生活の営みを大切にしながらリハビリを行う作業療法士の仕事を志すに至ったのです。こういった経緯は、家族がきっかけ

で作業療法士になったと周囲からは美談のように受け取られがちですが、志した時の心情としては我が家のニーズを満たしてくれなかった大人への不信と憎悪でいっぱいでした。大学進学後も必死に学び続け、社会人になるまではその憎悪は消えませんでした。実習を通して、似た境遇の家庭や自立のために苦心している当事者と向き合う中で私は家族のしがらみに大きく囚われていることにも気付かされました。そのことがきっかけで、家族を何とかしようという前に作業療法士として質の高い知識と技術を身につけようと決心すると憎悪が徐々に前向きな気持ちに変わっていきました。私は作業療法を通して様々な人と向き合い多様な考え方があることを学ばさせて頂きました。よく相談に乗ってくださった大学の先生方や自己開示してくださった実習先の先輩の存在、学友がいたからこその今の生き方があります。

特に、経済的なハードルは給付型の奨学金など様々情報を提供してくれた進路指導の先生に非常に救われました。学校では授業や面談や進路指導、部活動を通して子どもは信頼できる大人を見極めています。私は、そんな子どもの信頼にたる大人が学校だけでなく地域社会に増えて行ってもらうことを願っています。

## 6．ヤングケアラーでなくなってもケアは終わらない

社会人になって、私が親代わりになり動き始めたことで、姉が経済的自立ができるように調整し、自分で一からグループホームを探し、手続きや関係機関の調整も行いました。そして社会人５年目で姉は実家ではなくグループホームに入居することができました。私がこうして行動に出ていなければ、姉は一生を地域ではなく精神科病院で過ごしていたでしょう。これが地域のリアルです。我が家のように家族が制度を学び、主体的に動かない限り状況が変わらないことは大いにあり得るのです。理由が進学であったり、恋愛であったりと理由が何であれヤングケアラー自身の気持ちが「どうにかしたい」「変わりたい」と動いた時に、相談がきっかけに家族全体を調整しつつ専門職が一斉に連携しながらサポートできるような状況を是非とも実現してほしいと思います。

父も含め家族それぞれが、社会の力を借りて生きられるようになった今、姉の発症から無くなっていた余暇活動や家族旅行に行くという人並みな幸せを家族皆で享受できるようになりました。母も私と同様に地域のケアラーズ

サロンにここ数年通いながら妻や母としての苦労を外の人に話せるようになってきました。地域にまず資源があることが非常に大切で、それをつなぐ信頼できる人の存在も不可欠です。親も「どうせわかってもらえない」とかつては私の子どもの頃と同じことを話していました。家族は近ければいい、助け合えればいいという家族の絆に頼るのは幻想です。厚労省の調査でも中学生・高校生の家庭環境で最も多いのは核家族、２番目に多いのはひとり親家庭です。さらに、経済の低迷とインフレ、夫婦共働きの環境、学童保育の希望が高まっており待機学童問題まで出てきています。親が仕事に忙殺される中、子どもが安心安全に信頼できる地域の大人の支援を受けながら過ごせる場所が求められる時代なのです。

## ７．最後に

ヤングケアラーという言葉を知りこの本を手にとってくださったあなたへ。私の経験談は、あくまで、貧困や発達障害や精神疾患の親ときょうだいのいる家庭の一事例でしかありません。似た境遇であっても必ずしも同じ心理状態になるとは言い切れません。背景には非常に多様な境遇があります。だからこそ、目の前の子どもとの関係性を大切にしつつ、あなた自身も一人で抱えずにチームで子どもと家庭全体を応援していただけたらと思っています。人の数だけ想いや選択があるのです。

今、多くの人が耳にしたことのある「ヤングケアラー 」という言葉ですが、私の事例を通して18歳を超えたとしてどこかの誰かが解決してくれる課題ではないことを理解していただけたと思います。「ヤングケアラー」について、年齢で線を引くことは当事者からすれば理解し難い視点です。10代には10代の20代、30代には20代、30代の当たり前の経験があるはずです。そのような経験を欠如させる状況はヤングだろうと若者だろうと等価なのです。子どもたちは周りの大人とたくさん話すことで、たとえ10代では家庭の事情で自分のしたいことを本当の意味で選べなくても、後の20代、30代やそれ以降に初めて自分で心からやりたいことを選べる状況が出てくるかもしれません。ヤングケアラーやケアラーを取り巻く子どもや若者に大人ができることは選択肢を増やすための努力だと思い私は筆をとっています。

（栃木県ケアラー支援推進協議会委員　とちぎきょうだい会運営　一般社団法人Roots4理事）

第6章

支援の実際

# ③きょうだい研究

■ 湯浅正太 ■

## 1．はじめに

きょうだいは、病気や障害のある生活の中で様々な悩みを抱えたり、心の成長につながる様々な体験もするものです。その悩みや体験を貴重な経験に変えて生きやすさを生み出すために、きょうだいの豊かな心を生み出すカラクリを理解したいものです。その中核にあるべきものは「親子のつながり」であり、それによって「同胞ときょうだいのつながり」も保たれます。そして、その家庭のつながりを生み出すためには「社会と家庭のつながり」が欠かせないのです。

ヤングケアラーの立場の子どもが、病気や障害のある同胞とともに暮らす「きょうだい」であるケースも珍しくありません。そして、このきょうだいという立場の子どもたちが感情や行動の問題を抱え、学校を含めた社会生活に適応できなくなることは以前より報告されています[1)]。しかし、そんなきょうだいに向けた社会の関心は低く、その研究も少ないのが現状です[2)]。本稿では、きょうだいの実際の様子や支援に必要な知識をご紹介します。この内容が、きょうだいに関わる上でのヒントになれば幸いです。

注：ここでは、病気や障害のある子どもを「同胞」、その兄弟姉妹を「きょうだい」と表記します。

## 2．きょうだいのことを語る「私」について

私自身もきょうだいとして、様々な悩みを抱えながら子ども時代を過ごしました。それが普通のことと理解していましたし、人生とはこれほどまでに過酷なものなのかと感じたこともありました。ただ一方で、障害のある生活を体験したからこそ得られた貴重な経験もあっただろうと思います。

そんな体験を絵本「みんなとおなじくできないよ」（日本図書センター）で表現しました[3)]。この本で実現したかったことは、大きく二つあります。

一つは、社会にきょうだいへの関心を持ってもらうことで「社会と家庭のつながり」を増やすことです。二つ目は、親ときょうだいで障害について語り合う機会を提供することでした。親ときょうだいで語り合う場は、「親子のつながり」を深める機会になるでしょう。そして、その親子の関わりは「同胞ときょうだいのつながり」を深めるきっかけになるのです。そのつながりがきょうだいに与える影響を、ここから順々にお示ししたいと思います。

**１）きょうだいのリアル①：家庭での体験**

障害のある暮らしが始まると不安やストレスを抱くようになる一方で、それらを解消できるだけの十分な福祉環境があるかというと、そうではありません。社会の経済的な余力の無さから、支援者の力だけでは実現できないマンパワーや設備の不足があるものです。こういった背景をもとに、家族の心を満たすことは容易でない現状があります。だからこそ、障害のある生活の中で親の感情が乱れることもありますし、その様子をきょうだいは目の当たりにしているものです。

例えば、子どもに心理的外傷を与える言動や態度は子どもへの心理的虐待と考えられますが、障害をきっかけにした両親の夫婦喧嘩や支援者との口論をきょうだいが目撃することもあるものです。それに、親の不安や怒りの矛先がきょうだいに向かってしまうことも珍しくありません。

**２）きょうだいのリアル②：社会で体験すること**

人間は自分と異なるものに対して不安や反発の感情を抱くことがあるものです。だからこそ、障害によりみんなと同じように行動できない同胞に対して、心の余裕を持って接することができない人にきょうだいは遭遇するでしょう。また、街中を歩けば、同胞の車椅子の行く手を阻む道路の段差や、同胞の会話や理解のペースに合わせてくれない光景を目にするものです。そんな体験をしながら、社会における障害への関心の乏しさを感じることでしょう。

ただ一方で、そんな社会をきょうだいは一方的に責め立てるばかりかというと、そうでもないものです。きょうだい自身も同胞との生活で、自分のペースで物事が捗らずイライラしてしまう経験も積むでしょう。同胞のことを理解したい気持ちに反して、それが叶わない能力の限界も感じるものです。こうした経験を通して、身内であるきょうだい自身も、社会と同じような態度をとることもあると理解します。だからこそ、社会の理解の限界もわかるようになり、あるがままを受け入れ社会と折り合いをつけながら歩もうとする姿勢が養われるでしょう。

**3）きょうだいのリアル③：きょうだいの心**

上記のような体験を通して、きょうだいは以下のような悩みを抱えることがあります。

〔きょうだいの悩みの例〕
・自分にも、同胞と同じような病気や障害があるのかもしれない
・みんなと同じように行動できない同胞が恥ずかしい
・同胞に病気や障害があるのは、自分が原因ではないか
・将来、親がいなくなったら、同胞と自分だけで暮らしていけるのだろうか
・同胞のせいで、自分が思うような生活ができない
・同胞を支えるためには、自分がしっかりしないといけない

ただ、きょうだいという立場の子どもたちが皆、同じような悩みを持つわけではありません。家庭環境や同胞の障害によって、その悩みは様々でしょう。

**4）きょうだいのリアル④：言葉ではなく、体の表現として現れるSOS**

上記のような悩みを抱えていると、頭痛や腹痛、倦怠感などの症状が現れたり、イライラして学業に集中できないといった感情/行動の問題が現れることがあります。自分の気持ちを言葉で表現できないからこそ、体の表現としてSOSが現れるということです。

このカラクリを理解せずに、きょうだいがうまく生活できないことを一方的に叱るだけでは問題は解決されません。逆に、自分の力のみでは解決できない現状を叱られてしまうことで、きょうだいの心はさらに追い込まれてしまうものです。きょうだい自身でも自分を責めてしまい、自己肯定感が下がってしまうことも少なくないのです。SOSが理解されない現実が、さらに悪循環を生むということです。

## 3．きょうだい支援を知る

▶ここからは、そんなきょうだいに関わるにあたり理解しておきたい「きょうだい支援に欠かせない知識」について説明させていただきます。

**1）きょうだい支援に欠かせない知識①：学びの機会がきょうだいを支える**

障害児/者の介護者に関して、受けてきた教育水準が高い介護者ほど、社会的支援を得られると報告されています[4)]。このことを学歴社会といった偏った価値観を評価するという観点ではなく、豊かな知識や人脈を得て社会的リソースを有効に活用する力をつけるという視点で捉えたいものです。

また、きょうだいは病気や障害に関わる生活を通して、権利擁護の意識や多様性を考える機会を自然と手に入れます。その生活での体験をより深い学びへと発展させていくことにも、学校での教育が寄与するでしょう。そうやって培った考察力は、病気や障害に関わる上で抱える心理的な負担を軽減することにもつながることを知っていただきたいと思います。

このように、きょうだいにとって教育の機会は、同胞とともに生きる力を養う上で貴重な経験となることを意識したいものです。ただ実際には、障害にまつわる悩みなどから生活での意欲が低下してしまい、学校生活への不適応を生じてしまうきょうだいもいるのです[1)]。ですから、きょうだいが学業を修める機会を逸しないように支援することはとても大切な課題なのです。

**2）きょうだい支援に欠かせない知識②：小児期に経験するべき大切な関わり**

同胞を支援するに当たり、親あるいは成人きょうだいの経済状況はその支援の質に大きく影響します。また、良質な支援を続けるためには、支援者が健全な精神状態を維持できている必要があります。このように、きょうだいが成長し同胞の支援を担う立場になった時、経済的安定や幸福は大切な条件なのです。

ここまで、教育の機会を得て、経済的な安定や幸福を維持することが、同胞を支える上で重要なテーマであることをお話ししました。もちろんそれは、きょうだい自身の自立にとっても欠かせないことは言うまでもありません。では、そういった条件を達成している成人きょうだいは、小児期にどのような経験を積んでいたのでしょうか。それを調査した結果、きょうだいにとって「同胞に関する主な相談相手が親」という経験が大切であることが示されました[5)]。この結果に加えて、子どもの心の発達における親子の愛着関係の重要性を加味すると、きょうだいにとって大切なものは、やはり親とのつながりであるとわかります。

**3）きょうだい支援に欠かせない知識③：兄弟姉妹関係のカラクリ**

この親ときょうだいのつながりの効果は、決してその親子の関係だけに留まるものではありません。その効果は、さらに兄弟姉妹同士のつながりへと広がることをご説明します。アメリカ精神医学会の診断基準であるDSM-5[6]では、臨床的問題になりうることとして兄弟姉妹関係が取り上げられています。実際に、家庭での兄弟姉妹関係をもとに、子どもが心身の不調を訴え生活への不適応を生じているケースに遭遇するものです。そして、病気や障害のある同胞ときょうだいの関係も例外ではありません。同胞にかかりっきりの親のもとで、同胞を愛したいけれど愛せないきょうだいの心が育ってしまうこともあるのです。

では、そんな兄弟姉妹関係を良好に保つには、何が必要なのでしょうか。これまでの研究では、親からの各兄弟姉妹への差別的な扱いが、兄弟姉妹同士の関係にマイナスの影響を与えることが示されています[7]。つまり、親が同胞やきょうだいに個別に平等に関われる環境は、その兄弟姉妹のつながりを疎遠にしないためにも大切ということです。しかも、そうやって築かれた兄弟姉妹の温かい関係は、彼ら/彼女らの心理的問題を改善する効果もあるのです[8]。ややもすれば兄弟姉妹に任せてしまいがちな「兄弟姉妹同士の仲」ですが、その良好な関係のきっかけは、兄弟姉妹にあるというよりも、親にあるということです。

## 4．最後に

このように、きょうだい支援の中核にあるべきものは「親子のつながり」であり、それによって「同胞ときょうだいのつながり」も保たれることに触れました。このように家族がつながるということは、家族が機能するとも表現できます。ただ、家族が有効に機能するには、親御さんの経済的・時間的・空間的余裕を生み出すための社会的支援が欠かせません。つまり、家庭でのつながりを生み出すために「社会と家庭のつながり」が必要ということです。「つながり」が希薄になりつつある現代で、このような「つながり」のコンセプトを大切にしたきょうだいへの関わりを考えてみてください。

### 参考文献

1）Quintana Mariñez MG, et al. The Other Sibling: A Systematic Review of the Mental Health Effects on a Healthy Sibling of a Child With a Chronic Disease. Cureus. 14(9):e29042, 2022

2）Dykens EM. Family adjustment and interventions in neurodevelopmental disorders. Curr Opin Psychiatry. 28(2):121-126, 2015

3）湯浅正太（作），石井聖岳（絵）：みんなとおなじくできないよ-障がいのあるおとうとぼくのはなし．日本図書センター，2021

4）Wang C. Mental health and social support of caregivers of children and adolescents with ASD and other developmental disorders during COVID-19 pandemic. J Affect Disord Rep. 6:100242, 2021

5）湯浅正太．日本の障がい児/者のきょうだいの学歴，収入，主観的幸福度に関連する因子の調査．小児の精神と神経．第61巻4号（1月号），2022

6）American Psychiatric Association: Diagnostic and statistical manual of mental disorders, 5th ed., Washington, DC, 2013（高橋三郎，大野　裕監訳，染矢俊幸，神庭重信，尾崎紀夫，三村　將，村井俊哉訳：DSM-5精神疾患の診断・統計マニュアル，医学書院，pp710, 2014

7）McHale SM, et al. Sibling Relationships and Influences in Childhood and Adolescence. J Marriage Fam. 74(5):913-930, 2012

8）Buist KL, et al. Sibling relationship quality and psychopathology of children and adolescents: a meta-analysis. Clin Psychol Rev. 33(1):97-106, 2013

（一般社団法人ゆくりて　代表理事）

第6章

支援の実際
# ④NGワードと対応・OKワードと対応

■ 安永千里 ■

ヤングケアラーに気づいた時、力になりたいと思った時、私たちはどのようなことに気を付けていけばよいでしょうか。

## 1．表面的な状態だけで判断しない

家族のケアを担っているこどもたちの中には、疲れや睡眠不足から遅刻・欠席が増えたり、集中力が欠けているように見えたりすることがあります。その状態だけで「怠け」と決めつけるのではなく、どうして遅刻や欠席が増えてきたのか、なぜ宿題を出せないのか、まずは丁寧に聴いてほしいと思います。根ほり葉ほり聞こうとすることはよくないですし、すぐには事情を話してくれないかもしれませんが、話を聴こうとしている姿勢はとても重要です。話してくれたら、大人側ができることを伝えるのも大事かと思います。例えば、「家では自分のことをする時間も空間もない」ということでしたら、「学校で宿題を済ませる」「宿題の提出期限に余裕を設ける」等です。

## 2．一般論や自分の価値観で決めつけない

「あなたが介護する必要はない」「大人に任せなさい」といった正論は、それが簡単にはできない事情を背負っている子どもにとっては、「どうしようもないのに、わかってくれない」と心を閉ざすことになりかねないですし、ケアを担っていることを誇りに思っている子どもにとっては、自分や自分が大切にしているものを否定されたように感じるかもしれません。

反対に、ケアをしていることを「偉いね」「ご両親はあなたに感謝しているよ」等と褒めたり、行政や学校などで、手続きや面談の際に子どもを通訳として頼ってしまうことは、ケアラーとしての役割をこちら側が強化してしまうことにもなりかねません。

また、「これからいくらでもやりたいことができるよ」「この苦労がいつか報われるときがくるよ」等の励ましは、その「いつか」「これから」がいつ来るのか、ケアを抱えての生活がいつ変化するのかわからない本人たちにと

っては、無責任な言葉に感じられるかもしれません。

私たち大人が良かれと思ってかけてしまう言葉は、実は追い詰めているのかもしれない、ということにもっと自覚的でありたいと思います。事情もケアについての思いも一人ひとり異なるのだということを念頭において、とにかくまずは丁寧に聴き、理解していくことに努めることが大事です。

## ３．相談はとても難しいことだと理解する

「相談してね」と伝えたくなりますが、ヤングケアラーにとって相談することは実は簡単ではないということも知っておく必要があります。「相談して」と言われても、何から説明すればいいのか、親がダメな人間だと思われやしないか、相談したら家族に何か強制的なことがされてしまうのではないか等、不安になったりもしますし、話した相手が実はケアのことをあまり知らず、的外れなアドバイスをされてしまうかもしれないと不安になったりもします。また、「あなたはどうしたいの？」と、自分の気持ちを聴かれたり「自分の人生を生きていいんだよ」と言われても、本当の気持ちが自分でもわからなくなっていることも少なくないので、困惑したり、自分の意思を持つことに罪悪感を感じたりします。

## ４．安心と伴走を

「なんとかして公的に支援につなげなければ」「解決しなければ」と思って焦ってしまうかもしれませんが、性急な支援はかえってこどもや家族を傷つけてしまう危険性もあります。ヤングケアラーが全国的に注目され、急ピッチで支援が整備されつつありますが、上記のような点を十分に理解しながら本人が何を望んでいて、何を望んでいないかを尊重した支援を心掛けること、そのために心を開いてもらえるよう、少しずつ関係を作っていくことが大切です。強力な言葉で励ましたり、サービスや制度の利用を押し付けるのではなく、“そういうサポートもある”という情報を伝えておき、本人や家族が必要としたときに伴走できる、本人が「ちょっと話したいな」と思った時に安心して話せる、そんな環境を作ることが大切なのだと思います。

（社会福祉士　産業カウンセラー）

# 第6章 ⑤ヤングケアラーと不登校

■ 原田幸希 ■

## 1．ヤングケアラー問題に携わるようになった経緯

私は幼稚園や学童でのアルバイトや学生時代の実習を通して、多くの保護者との会話から、支援を必要としている不登校の子どもたちが多いにも関わらず、私たちの生活する地域ではサービスが不足している現状を痛感しました。大学を卒業後、栃木県の総合病院（身体障害領域）で作業療法士としてのキャリアをスタートさせましたが、学生時代からの思いを忘れることができず、栃木県那須塩原市に「Apple Baum」という不登校支援のフリースクールを立ち上げました。ここで、私は２年間で県内外の100名を超える不登校の子どもたちやその保護者と出会い関わってきました。

ある日、新規利用を希望する生徒との面談の中で、学校でのトラブルだけが不登校の原因ではないことを知りました。保護者からは学校で嫌なことがあったから、学校に行けなくなったと話がありました。しかし、実際に生徒に詳しい話しを聴いてみたところ、不登校の理由は学校での嫌なことだけではないことが明らかになったのです。さらに話を進めると、両親が発達障害のきょうだいの世話に時間を取られ、自身に目を向けてくれないことや、家事の負担が大きいことを打ち明けました。その時の表情は、自分の置かれている環境の改善を諦めているようで、とても印象的でした。私はこのような出会いから、ヤングケアラーの存在を知り、不登校の背景に深く影響している可能性を考え始めました。

## 2．フリースクールから見えてきたヤングケアラーの問題点

不登校になる要因は一つではありません。環境要因、パーソナリティの問題など、様々な原因が絡み合っている中、ヤングケアラーも一つの大きな要因として存在していることを実感しています。ヤングケアラーとしての不可欠な役割が原因で学校に行けない子どももいるのです。学校の先生や勉強自体は嫌いではないにも拘わらず、家庭の状況からくる精神的・身体的な疲れ

が原因で学校に通えなくなっているのです。

また、ヤングケアラーや不登校児童の健康状態について調査した研究によれば、ヤングケアラーの子どもたちは、抑うつや不安、反社会的な行動が増加するリスクがあり[1)]、自尊心や健康、さらには不登校児では学業や社交スキルにも悪影響が出ることが知られています[2)]。不登校による学力の低下や知識の乏しさは職業選択の幅を狭め、対人スキルや自己肯定感の低下、何よりも一緒に楽しみを共有できる人・機会が失われ、ストレスを溜め込んでいることは、大きな問題です。

さらに、不登校の子どもたちは必然的に自宅にいる時間が増えることにより、家事やきょうだいの面倒、あるいは高齢者の介護など、ヤングケアラーとしての役割が増大することも考えられます。これは、不登校の子どもがヤングケアラーになるリスクが他の子どもよりも高いことを示しています。

## ３．ヤングケアラーへの取り組み

### 1）子どもの負担について

施設や学校で子どもたちを「しっかりしている」「きょうだいの面倒を見て偉いね」と評価する声が聞こえてくることも少なくありません。しかし、子どもたちの負担が年齢に適しているかどうかの見極めが必要です。確かに家事の分担は家庭の価値観に影響されますが、子どもの「教育を受ける権利」が侵害されている場合、適切な介入が求められます。今は当たり前と感じている生活がもしかしたら、子どもたちの子どもらしい成長を妨げているかもしれません。もちろん子どもたちにとって家での役割は成長につながる部分もありますが、それが過度になることでストレスや孤独を感じてしまうのではないかと考えられます。そのような感情や環境は自傷行為や精神疾患の原因になる可能性もあります。現状だけに目を向ければ、本人の忍耐で何とかやっているようにも見えるかもしれませんが、将来的にリスクがあることを同時に考える必要があります。将来的なリスクについては精神疾患を誘発する可能性が高まることを考慮し、医療的な側面からも生活状況や心身の状態を把握し予後予測することが重要です。幸いにも、Apple Baumでは医療的な側面に精通している作業療法士のスタッフが多数在籍しているため、子どもたちの異変をいち早く察知し、すぐに医療機関や、福祉サービスを受けられるよう連携を取っています。

### 2）ヤングケアラーの親について

ヤングケアラーの親は自分や子どもが何かしらの疾患を有していたり、高齢者の介護に日々追われていることも少なくありません。そのため、ヤングケアラーの子どもと向き合う時間が少なく、家庭の中でのコミュニケーションがあまり取れないケースが多いようです。ヤングケアラーの親たちは現状を打開するには、どこに何を相談していいか分からず、社会的に孤立した状態となっていることから、ヤングケアラーの親に対するサポートも重要です。

また、親自身が子どもがヤングケアラーであることを認識していない場合もあるので、その認識を持たせる取り組みも必要です。必要に応じて、ヤングケアラーの現在の負担や素直な気持ちを間に入って伝えることも私たちは実施しています。

### 3）学校との連携について

Apple Baumでは学校との連携を強化しています。ヤングケアラーは家庭での疲れやストレス、時間不足により、宿題に取り組むことが難しい状況の中にあります。そのため、本人にヒアリングしながら宿題の量や内容を調整したり、オンラインでの授業を可能にしたり、体調不良や寝不足に配慮して保健室やその他の別室の用意をしてもらうよう学校に依頼しています。

## 4．今後の展望

### 1）フリースクールの課題

ヤングケアラーにとっては、一時的にでも自分の時間を持つことが重要です。一方、不登校になったヤングケアラーにとって、学校復帰の過程でフリースクールの利用は選択肢の一つとなりえます。しかしながら、フリースクールには限定的な開室時間、土日祝日の休業、そして民間経営に伴う費用などの課題があります。フリースクールが救済となる子どももいますが、その範囲は限定的であることも否定できません（フリースクールの運営体制による）。

### 2）ヤングケアラー支援として私たちにできること

ヤングケアラーを早期に発見し、学校や家族以外の地域との繋がりを深めることが必要です。信頼できる大人との繋がりを築くこと、日常の中での関わりを通じて相談のハードルを下げることも大切です。私たちはApple Baumの他に那須塩原市で日本財団「子ども第三の居場所」としてApple

Baseも運営しています。Apple Baseは放課後の時間に、誰でも無条件で利用できます。また、家庭によっては無償で利用できます。そのため、フリースクールの限界はこの「Apple Base」で、解消できると考えています。ここでは、作業療法士や大学生がスタッフとして常駐しており、宿題をやったり、夜ご飯を一緒に作ったり、BBQなどのイベントへの参加などを通じて、ヤングケアラーの心のケアも目指しています。ヤングケアラーの問題に直面した時に、まず支援するのは、家族と物理的に離れ、自分だけの時間を過ごせるように環境調整をすることです。そして、迷わず相談できる人がいること、楽しいと思える時間を過ごし、少しでもストレスを発散してもらうことが重要だと感じています。まずは、子どもたちが過ごせる、居場所という環境の整備が最優先だと考え、ヤングケアラーでも利用できるよう運営しています。

### 3）私たちの願いと取り組み

今後はApple Baseをより多くの人に知ってもらい、官民連携を強化することを目指しています。ヤングケアラーの問題は多角的で、単一の施設やサービスだけでの対応は限界があります。学校、自治体、社会福祉協議会、医療機関等との連携が不可欠です。サービスがまだ整っていない中、苦しむ子どもたちのために、様々な機関と協力し、柔軟にアプローチしていくことが求められます。

今後、私たちが取り組むべきは、関わる大人全員がヤングケアラーへの理解を深めることです。理解が深まれば、子どもたちの生活ストレスも減少し、彼らが自分らしい生き方を追求するためのサポートが可能となります。最終的には、子どもたちが自分の夢や目標に向かって挑戦することができる社会の実現を目指し、私たちも成長していきたいと考えています。

#### 引用文献

1）Lacey RE, Xue B, McMunn A. The mental and physical health of young carers: a systematic review. *Lancet Public Health*. 2022;7(9):e787-e796. doi:10.1016/S2468-2667(22)00161-X

2）Ansari A, Pianta RC. School absenteeism in the first decade of education and outcomes in adolescence. *J Sch Psychol*. 2019;76:48-61. doi:10.1016/j.jsp.2019.07.010

（一般社団法人 Apple Base理事）

医療現場での支援

# 第7章 きょうだい児ヤングケアラーの傍にいる患者を診察している医療者からみる支援

■ 門田行史・小林岳 ■

これまでに紹介されていますが、きょうだい児ヤングケアラーとは、家庭の中で障害や病気を抱えた兄弟姉妹を支援する必要がある子どもたちのことを指します。2021年に実施されたヤングケアラー実態調査1)によれば、「家族の世話をしている」と回答した小学生は6.5%でした。また、世話を必要としている家族の中で最も多かったのは「兄弟姉妹」であり、その割合は71.0%でした。以上の調査結果からきょうだい児や幼ないきょうだい含むヤングケアラーは、クラスに１～２人の割合でいることと、ケアの対象として最も多かったのは「兄弟姉妹」ということがわかります。

小児科医師や小児作業療法士は、一般的に０歳～15歳（知的年齢によっては、成人科と連携して20代の方もしばしば診ています。）の子どもやその家族に寄り添い、困り事の背景に隠れる病気や障がいと日々向き合っています。したがって、常にきょうだい児を含むヤングケアラーと間接的に、あるいは直接的に診ている（出会っている）ことになります。小児科医は、内科的診療や発達障がいの診断、治療選択を中心に担当し、作業療法士は子どもの発達段階、現在の機能的課題、自宅や保育園・幼稚園、小中学校での困難感などを評価し、子どもに対する直接的な訓練（運動機能訓練や認知機能訓練、コミュニケーション能力やソーシャルスキルの獲得など）や、環境調整（保育園、幼稚園や小中学校との連携、現場への訪問など）をしながら、一人ひとりの子どもたちが「本人らしく成長できる」ことを目指してサポートします。

我々は発達障がいの児に関わる時にきょうだい児を念頭に「家族丸ごと支援」をすすめているチームメンバーです。本稿では、きょうだい児ヤングケアラーの自験例から医療における支援を考えてみたいと思います。

## 1．きょうだい児が抱える負担とは？

きょうだい児のケアの内容は、慢性的な病気や障害を抱える兄弟姉妹の日常生活や健康管理を支えることに焦点が当てられます。具体的にはどのようなことが挙げられているか、大規模調査の結果から、一般的にイメージされる身体的ケアと見守り（おむつの交換などの兄弟姉妹の身の回りの世話や医療的なケアの提供など）だけでなく、感情面のサポート（共感、励まし、学校でのトラブル仲裁など）が大きな負担となっています[1)]。

この結果を踏まえ、感情面のサポートが必要となった注意欠如多動症（ADHD）の弟を持つきょうだい児の事例を紹介します。私がヤングケアラーを学ぶきっかけとなったケースです（なお、本稿ではきょうだい児ヤングケアラーをわかりやすく説明するため、また個人情報の点から実際の事例を編集して記載しています）。

**事例：**（図参照　自験例の証言に基づいて記載しています。）

きょうだい児（姉16歳）、注意欠如多動症（ADHD）の弟（７歳）と母（45歳）、の３人暮らし。弟はADHDの診断を受け、就学後に離席が多く不適応になっていたのでADHD治療薬を開始した。弟はまだ７歳なので薬の管理はできず、また、シングルマザーの母は早朝に仕事に出てしまうので姉がADHD治療薬の管理を早々に任された。しかし、弟はしばしば内服を拒否するため学校で衝動性が目立った。母と弟が病院に受診した際、担当医（私）は、薬の内服管理は本人でなく家族がするように伝えていた（私は姉が薬の

**図　きょうだい児と母の心と体の変化**（自験例の証言に基づいて編集しています）

管理をしていたことを知らない)。弟が登校後に友人とトラブルを起こした時には担任の先生から母へ連絡がいき、母から姉が叱られることがしばしばあった。弟がADHDと診断され、ケアが始まった当初はケアを頑張ることを自身でも誇らしく思い、「家族の事だから義務である」と感じていた。しかし、日々の生活に疲れが出始め、母の入院をきっかけに登校渋りとなる。その後、私の外来に弟と一緒に来た時、不登校になった姉の診察を母から依頼されたため別室に連れてゆき悩み相談をしたところ、「病気の母には申し訳なくて相談できないけど、弟の面倒がつらい、友達と上手くいっていないし勉強についてゆけないので登校することが怖い」と話していた。以降はきょうだい児のカルテを作成して児のメンタルケアや学校との連携、家族支援をすすめている。

## 2. 家族内のケアを担うことは当然とする暗黙ルールが支援を困難に

図の通り、ケアの初期段階では「家族なんだから困ったときはお互い様」という家族の暗黙ルール、または空気感が作られるのは想像できます。これは一時的な支援に関しては当たり前のように感じられるものですが、発達障がいや慢性疾患など、長期的な支援が必要になった場合、この家族のルールの変更が効かず、ケアをしている人々も疲弊してしまうことがあるようです。子どもたちにとって大切な家族、置かれている状況は個々によって異なりますが、「私が頑張らないと」と自然にケアを担う立場に進んでいくことも多いでしょう。また、子どもたちは自身の力で家庭の外、いわゆる社会のネットワークに繋がることが難しいと考えられます。つまり、自分の置かれた状況を変えていくための選択肢が非常に限られた中で生活しているということとなり、子どもたちを取り巻く状況はより深刻な方向へ進んでいく可能性が高いと予測できます。以上のことから、ケアをしている子ども達が家族外の大人へSOSを発信することが難しくなる（あるいは発信するという選択肢がない状況となる）ケースが多くなるということが分かります。

本事例のきょうだい児（姉）は、ADHDの弟の「薬物管理」「登校までの生活の見守り」「感情のコントロール」など、多岐にわたるケアを担っていました。医療者は、直接ヤングケアラーに接する場面が少ないかもしれませんが、患者や家族と関わる中で、ヤングケアラーの存在を常に意識し、患者の診察ができるとよいと思います。診察時には、患者の疾患重症度、身体ケアの程度など患者本人を中心に診ていく必要がありますが、同時に家族構成の詳細や家族の総合的な力（家族の健康状態、信頼関係、経済力など）を俯瞰しながら診察を行ってゆくことが大事かもしれません。家族から何らかのSOSが発信された時、発達障がいの患者に関する学校との連携と同様に、ヤングケアラーに対しても情報を発信して医療現場から学校へつなげてゆくとよいと思います。作業療法を含むリハビリテーションの場面においても同様のことが言えます。特性のあるお子さんに対する発達支援の枠組みにおいても医療と学校の連携は必須と考えていますが、同様にヤングケアラーの存在を学校と共有することは医療の立場から考えるヤングケアラー支援の第一歩と言えます。しかしながら「繋ぐ」ことの難しさは一章で述べたように医療現場における今後の課題とも思われます。

以下では、きょうだい児ヤングケアラーの経過と対応策についてまとめました。

## ３．孤立を深めたきょうだい児が陥りやすい状況

**①学業や生活の制限：**

ケアの責任により、学業や生活の制限が生じることがあります。例えば、学校行事への参加や外出の制限、自分の時間や趣味の制約などが該当します。きょうだい児は、ケアの責任を果たすために時間やエネルギーを割かなければならず、それが学業や日常生活に影響を与えることがあります。

**②精神的な不適応と不適応行動：**

学業や生活の制限、負担の重さ、感情的なストレスなどが重なることで、きょうだい児は精神的に不安定になる可能性があります。その結果、学校での学習の問題、集中力の欠如、行動の変化、友人関係の問題など、学校での不適応をきたすことがあります[2)]。

以上から、きょうだい児のケアは、初期には家庭内における安定を確保する重要な役割となりますが、その負担や制約が継続し家庭環境にストレスを感じ始めると精神的に不安定になり、家庭や学校で不適応行動を引き起こす可能性もあることを認識する必要があります。

継続的にケアが必要な家族がいる場合、一時的なケアが必要な時に設定した前提条件を打破できる仕組みが必要かもしれません。また、家族を丸ごと支える仕組み作りが必要ではないでしょうか。

## 4．医療におけるヤングケアラー支援の取り組み

厚労省は、2022年度の診療報酬改定において「家族に対する介助や介護等を日常的に行っている児童」などを加算の要件として追加しました。2023年6月現在は、適応が入退院時に限定されていますが、医療者のヤングケアラーの認知度が高まることが期待されます。その他、一部の医療関係者や専門家は、ヤングケアラーの存在や彼らが抱える心理的・身体的な負担を認識し、具体的にサポートすることをすすめています。また、全国に展開されているきょうだい会が主催する啓発活動やピアサポートなどの取り組みがすすんでいます。さらに、これまでのヤングケアラー関連の調査の中心は医療現場以外でしたが、2023年6月～7月にかけて私の所属する自治医科大学がある栃木県では国内初の医療現場での調査が始まりました。このように、未だ課題はあるものの医療現場と行政や民間団体、学校などが連携して支援を提供する土壌ができつつあるのも事実です。

**参考文献**


1）令和3年度子ども・子育て支援推進調査研究事業 株式会社日本総合研究所 ヤングケアラーの実態に関する調査報告書 https://www.jri.co.jp/MediaLibrary/file/column/opinion/detail/2021_13332.pdf

2）Orsmond et al.,: Adult Siblings Who Have a Brother or Sister with Autism: Between Family and Within-Family Variations in Sibling Relationships. J Autism Dev Disord 48（12）: 4090-4102,2018


（小児科医　門田行史　作業療法士　小林　岳）

コラム

5

# 全国初・入間市のヤングケアラーサポート体制

全国的に不登校が増加している中、埼玉県入間市においても不登校は増加傾向にあり、コロナ禍前に比べて1.5倍程度、数が増加しています。本市のおける不登校の要因は様々であり、令和４年度調査によると要因を無気力・不安と上げる児童生徒が５割を越えており、この数値は、具体的要因の把握が困難であることを示しています。その他にも友人関係など様々な要因が挙げられていますが、親子の関わり方が要因であると上げる児童生徒も存在し、ごく少数ではありますが、この中にヤングケアラーではないかと考えられる児童生徒もおります。そのような子どもたちへの支援はまさに急務です。

そのような中、本市は令和４年７月にヤングケアラー支援条例を施行しました。この条例ではヤングケアラーに対する市の責務や保護者の役割、地域住民、関係機関の役割が示されています。その中で学校の役割は

1．学校は、ヤングケアラーと認められる子どもに対し、その意向を尊重しつつ、健康状態、生活環境等を確認し、支援の必要性の把握に努めるものとする。
2．学校は、ヤングケアラーからの教育や福祉に関する相談に応じる体制を整備するとともに、市及び関係機関と連携して適切な支援に努めるものとする。

と規定されています。

この条例制定にあたり、本市におけるヤングケアラーの実態把握をするため、こども支援部が中心となり、小学校・中学校・一部高校におけるヤングケアラーの実態調査を行いました。その調査結果から、小学生回答者2480人の内、141人（5.7%）、中学生回答者1907人の内、79人（4.1%）、高校生834人の内、40人で（4.8%）のヤングケアラーが存在していることが分かり、これは国や県と同様な状況でした。実態調査の結果から、ヤングケアラーの普及啓発や相談体制、関係機関との連携について条例を基に整備していく必要性が明らかとなりました。

現在この支援条例の元、各学校にはヤングケアラー支援マニュアルが配布

され、学校はそのマニュアルを基に支援を実施しています。学校の初期の役割は実態把握であるため、まず担任・養護教諭等はアンテナを高くし、目の前の子どもたちにヤングケアラーの可能性があるということを念頭に置いて指導しています。

中学生のAという生徒について具体的な例をあげてみますと、Aは中学校に上がってから不登校になり、家庭とも連絡がとりづらい。母が病気がちであるということ、兄弟関係などの家族状況以外は学校だけでは詳細な情報を把握することができなかったケースになります。しかしながらA本人より病気の母の通院のため学校を休むことや、普段家にいない父に代わって家事を行っていること、幼い弟の世話も行っているとの話を養護教諭が本人から聞き出すことができました。この情報を基に、校内での生徒指導部会で話し合った結果、ヤングケアラーの疑いがあるとのことで、学校は教育委員会・学校教育課に申告を行いました。学校はこの際、別表の初期情報シートに必要事項を記入し、学校教育課に提出します。学校教育課はこの情報を、ヤングケアラー支援を統括する、こども支援部・こども支援課と共有し、初期情報シートを基にケース会議を実施しました。こども支援課はAの家庭に携わっている支援機関（地域包括支援センターやケアマネージャー、相談支援事業所、訪問看護、放課後デイサービスなど様々な関係機関が存在した。）に連絡を取り、学校内にてケース会議を実施しました。この中で、Aは学習支援について望んでいること、しかしながら家事や母親のケアが忙しくその時間をとることができない状況になっていることが各関係機関からの情報で把握することができました。

このケース会議により具体的な支援方針が決定され、母親に対しては精神面の不調で単独通院に不安があったため、障害者支援課の地区担当が訪問看護、病院と連携を図り内服薬の調整を行うことを決めました。母親はこの後、体調面が回復し単独受診が出来るようになりました。また、家事は障害福祉サービスのヘルパー派遣を利用することで、Aが担う家事負担の軽減を図ることができたと同時に、母の体調面も回復したことで、幼い弟の面倒も以前よりみられるようになりました。幼い弟は発達に課題があり放課後デイサービスを利用していましたが、相談支援事業所の相談員と母とで相談し、利用日数や利用時間の見直しが行われました。

Aへの直接的な支援としては、ヤングケアラーであるということで、ヤングケアラーヘルパー派遣事業の学習支援を利用することで、学校再登校を支援する方向性となりました。このようなケース会議を行うことで、学校だけでは見えていなかった家族全体の様子についての情報共有を学校・関係機関が行うことができ、どこかどのような支援を具体的に行うのか検討することができます。また、こども支援課にヤングケアラー・コーディネーターが配置されていたことも、他機関との連携がスムーズに図れた要因ではないかと思われます。

元ヤングケアラーの人々からは、同じ境遇の人や同年代の仲間と繋がりたかったことや、自分のことを見守ってくれる人、学習サポートや進路決定や将来について一緒に考えてくれる人を求めていたという声を聞きます。これからの支援に求められるのは、このような対象者の伴走者としての支援であり、信頼して見守ってくれる大人がいかにそばにいることができるかが重要です。学校だけではなく、様々な機関の大人たちがこのような子どもたちに接することで、子どもたちには一人の人としての大切にされる経験をたくさん積んでほしいと思います。

（入間市教育委員会　小椋亮太）

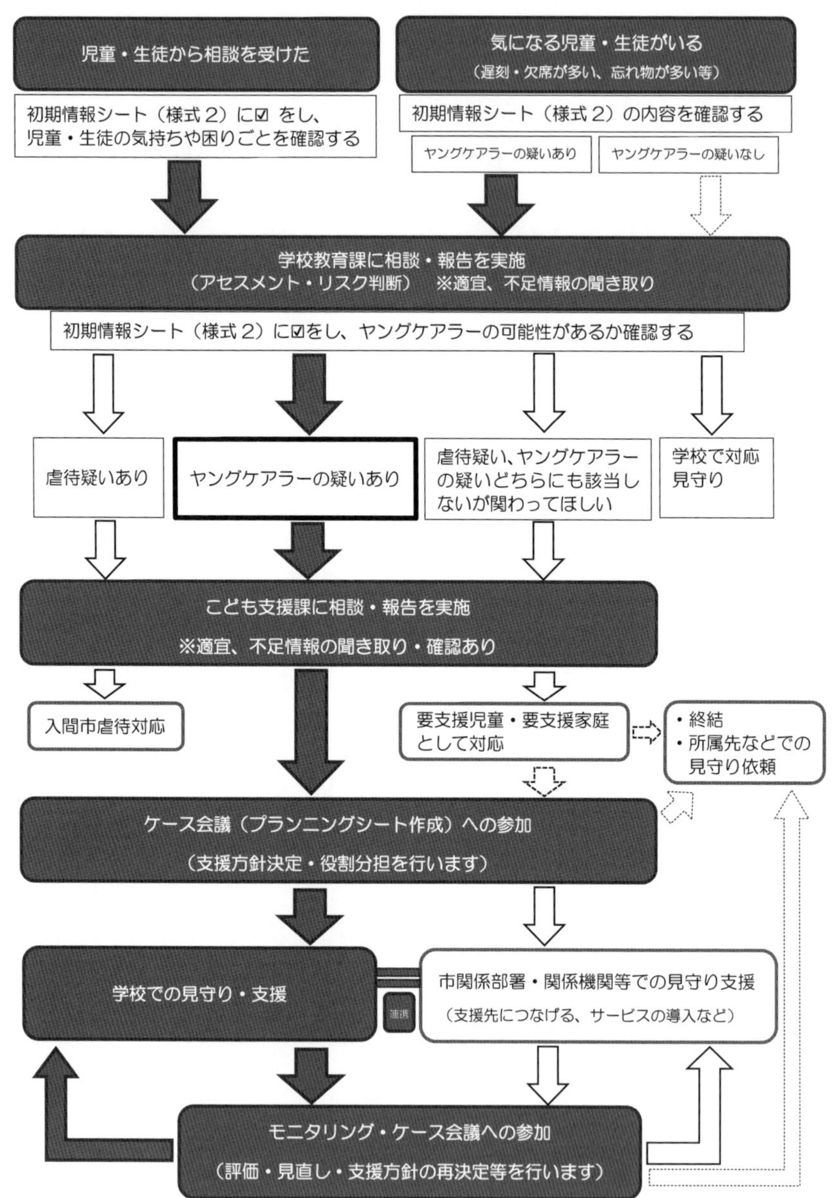
ヤングケアラー支援マニュアル　～学校概要版～　【相談フロー図】
児童・生徒から相談を受けた
初期情報シート（様式２）に☑ をし、
児童・生徒の気持ちや困りごとを確認する
気になる児童・生徒がいる
（遅刻・欠席が多い、忘れ物が多い等）
初期情報シート（様式２）の内容を確認する
ヤングケアラーの疑いあり
ヤングケアラーの疑いなし
学校教育課に相談・報告を実施
（アセスメント・リスク判断）　※適宜、不足情報の聞き取り
初期情報シート（様式２）に☑をし、ヤングケアラーの可能性があるか確認する
虐待疑いあり
ヤングケアラーの疑いあり
虐待疑い、ヤングケアラーの疑いどちらにも該当しないが関わってほしい
学校で対応
見守り
こども支援課に相談・報告を実施
※適宜、不足情報の聞き取り・確認あり
入間市虐待対応
要支援児童・要支援家庭として対応
・終結
・所属先などでの見守り依頼
ケース会議（プランニングシート作成）への参加
（支援方針決定・役割分担を行います）
学校での見守り・支援
連携
市関係部署・関係機関等での見守り支援
（支援先につなげる、サービスの導入など）
モニタリング・ケース会議への参加
（評価・見直し・支援方針の再決定等を行います）

様式２

# 初期情報シート

きょうだいの情報も
把握できれば一緒に
記載してください

氏名（ふりがな）　入間（いるま）　茶子（ちゃこ）　（１２歳）（女）

茶太郎　（９歳）　（男）

## １．ヤングケアラーと思われる理由

「茶子は家の都合で欠席が多い。母に精神疾患があり、通院している様子。茶子に聞いた時に「一緒に病院に行っている」と聞いた。」

## ２．ヤングケアラーと思われる状況（該当する項目に☑・聞き取り内容を記載）

※複数のきょうだいがいる場合には、分かるように名前を記入してください

【子どもについて】

- 登校状況
  - ☑欠席が多い、不登校　　茶太郎の欠席は少ない
  - □遅刻や早退が多い
  - □幼稚園や保育園に通園していない
  - □高校に在籍していない

きょうだいの情報は空いているスペースに記載してください。色を変えるなどしていただくと分かりやすいです。

- 学習面
  - □授業中の集中力が欠けている、居眠りをしていることが多い
  - □学力が低下している
  - ☑宿題や持ち物の忘れ物が多い　　☑茶太郎も忘れ物が多い

- 生活面
  - □身だしなみが整っていないことが多い（季節に合わない服装をしている）
  - □クラスメイトとの関わりが薄い、一人でいることが多い
  - □保健室で過ごしていることが多い
  - □給食時に過食傾向がみられる（何度もおかわりをする）　☑
  - □極端に痩せている、痩せてきた
  - □極端に太っている、太ってきた
  - □生活リズムが整っていない
  - □むし歯が多い

- 放課後・校外
  - □学校に行っているべき時間に、学校以外で姿を見かけることがある
  - ☑家族の付き添いをしている姿をみかけることがある
  - □家族の介護をしている姿をみかけることがある
  - □子どもだけの姿をよく見かける
  - □友達と遊んでいる姿をあまり見かけない

空いているスペースに具体的な内容を書いてください。

- その他（様子等）
  - □表情が乏しい
  - ☑年齢と比べて情緒的成熟度が高い　　「達観している印象がある。」
  - □精神的な不安定さがある
  - □家族・将来 に対する不安や悩みを口にしている
  - ☑会話の中で「家族が心配だ」とか「自分が面倒を見なければならない」といったことを漏らすことがある　　「帰って母が倒れていたらどうしようと言っていた」

【保護者の子どもへの関りについて】

☑保護者の承諾が必要な書類等の提出遅れや提出忘れが多い
□学校（部活を含む）に必要なものを用意してもらえない
□弁当を持ってこない、コンビニ等で買ったパンやおにぎりを持ってくることが多い
□部活に入っていない
□修学旅行や宿泊行事等を欠席する
☑校納金が遅れる。未払い
□必要な病院に通院・受診ができない、服薬できていない
□予防接種を受けていない

【担っているケア・サポートについて】

①

□障がいや病気のある家族に代わり買い物・料理・掃除・洗濯などの家事をしている

②

□幼いきょうだいの世話をしている
□きょうだいの送迎をしている

③

□障がいや病気のあるきょうだいの世話や見守りをしている

④

□目を離せない家族の見守りや声かえなどの気づかいをしている

⑤

□がん・難病・精神疾患など慢性的な病気の家族の看病をしている

⑥

☑障がいや病気のある家族の身の回りの世話をしている

⑦

□障がいや病気のある家族の入浴やトイレの介助をしている

⑧

□保護者が日本語を話せず、子ども自身が各種手続きの通訳を担っている

⑨

□家計を支えるために労働をして障がいや病気のある家族を助けている
□生活のために（家庭の事情により）就職・アルバイトをしている

⑩

□アルコール・薬物・ギャンブル問題を抱える家族に対応している

3．家族について

| | 家族構成 | 同・別居 | ケアしている人 | ケア内容（番号） | その他（各種手帳・病名・経済面等） | サービス利用の有無 |
|---|---|---|---|---|---|---|
| ○ | 母親（養母・継母） | 同・別 | | | | |
| | 父親（養父・継父） | 同・別 | | | | |
| ○ | きょうだい（　1）人 | 同・別 | | | | |
| | 祖母（母方・父方） | 同・別 | | | | |
| | 祖父（母方・父方） | 同・別 | | | | |
| | その他（　　　　　） | 同・別 | | | | |

分かる範囲で記入をしてください

⇧◎ヤングケアラー（疑い）、○ケアラー（疑い）

【サービス利用の状況】　※誰に対してどのぐらいの頻度でどのようなサービスが入っているかを記入

分かる範囲で記入をしてください

□障害の程度や要介護の重さと比較して、実際に利用している公的サービスが少なく主に家族内で介護をしている

□公的サービスに関し、契約者が「人手もあるので家族内で面倒を見る」など子どもの存在を前提として、積極的な利用を行わない傾向にある

【ケア・サポートについて】

①ケア・サポートに費やしている時間 →

| 平日 | 休日 | 時間 |
|---|---|---|
| | | 1時間未満 |
| | | 1時間以上2時間未満 |
| | | 2時間以上4時間未満 |
| | | 4時間以上6時間未満 |
| | | 6時間以上8時間未満 |
| | | 8時間以上 |

②一緒にサポートする・している人がいるか

☑いない　□いる（　　　　　　　　　　）

4．子ども自身の認識や意向について

①体調面での自覚症状の有無　　☑なし　□あり（　　　　　　　　　　）

②家族の状況やサポートをしていることについて、誰かに話せているか

□話せていない　□話せている→誰に（　　　　　　　　　　）

③子ども本人が相談できる、理解してくれていると思える相手がいるか

□いない　□いる→誰か（　　　　　　　　　　）

④子ども自身が「ヤングケアラー」であることを認識しているか

□認識していない　□認識している（　　　　　　　　　　）

⑤子ども自身がどうしたいと思っているか（想い・希望）

聞ける範囲で良いので、本人と話をしてください。

5．相談者・周囲の想い・希望

力のある子。来年、中学校進学のため登校してほしい。

記入年月日：　　年　　月　　日、所属・氏名（ いるま小学校・担任　茶山 ）

# 第 8 章　地域でできる支援

■ 柴田直也 ■

## 1．居場所づくり

ヤングケアラーへの関わりを考える時に大切だと思うことは、「ヤングケアラーの子どもを見つける、探すという視点に特化せずに子どもが居場所として来られる場、頼れる人を地域の中でいかに増やすかということだと考えています。栃木県那須塩原市では子どもの居場所が大きな役割を果たしています。数年前までは子どもの居場所や子ども食堂というと経済的に困窮している家庭が利用するところという認識が強かったですが、現在は国も「子どもを中心とした多世代の交流の場」として推進しています。

地域でできる支援を私が関わる地域活動を基にお伝えしていきます。那須塩原市には「にしなすケアネット」という地域課題について学び、共有する集いを２カ月おきに開催しています。さらにその課題に対してどのようなことが出来るのかを官民協同で話し合い、実践に移行していく活動もあります。にしなすケアネットは、自治会長、市内の大学病院医師と相談員、福祉系大学教員、行政、地域包括支援センター、社会福祉協議会が企画運営委員として組織されており、参加者とともに地域づくりをしていこうというコンセプトで推進しています。参加者には、市民、民生委員・児童委員、自治会役員、医療福祉教育関係機関、企業、行政など多様なメンバーがおり、まずはこのような多分野多職種の人たちが集い、顔の見える関係性をつくることができるプラットフォームとして非常に重要な役割を果たしています。

2017年12月に開かれたケアネットは、「子どもの貧困」をテーマに市内で子育て支援の活動をするNPOの方から貧困家庭の実情について聞きました。参加者からは「貧困の状況にある子どもは見た目からは分からない」「地域内の世代間交流の機会が減っている。まずは子どもと大人が関われる場が必要」という意見が多数挙がったため、居場所づくりに向けた検討会を開催していくこととしました。ケアネットはこのような検討会を行う際には必ず当事者と一緒につくっていくことを大切にしており、市内の小学生が参加しました。その他には民生委員・児童委員や介護保険事業所、保育園、発達支援事業所、行政の子ども部局、病院、地域包括支援センター、社会福祉協議会などが集い議論をしました。地域の多世代が交流できる場づくりを考える際には、①子どもが自力で来られる距離、②日常的に顔を合わせるエリアが望ましいと考え、２回目の検討会は小学校区ごとに話し合うこととしました。各学校の教頭先生も参加して、学校の現状や地域に求めることなどを知ることができました。参加者からの意見としては、「部活動の加入率が年々低くなってきている。理由としては土日の練習に親が協力できない、送迎がそもそも難しいといったこと」「習い事をしている子どもは複数通っていて、していない子どもとの格差が拡がっているように感じている。そういった状況からか子ども同士の交流も少なくなってきている」「スクールガードをしている時に子どもから『家に帰ってもだれもいない』『家まで送っていってほしい』と言われることが多々ある」「子どもがターゲットにされた事件が起きると、挨拶をしても警戒して返事をしてくれないことがある。家庭としても敏感になってしまうことはしょうがないが、あらかじめ顔見知りの関係性が出来ているとお互いの安心感は少し変わるはず」といった声が挙がりました。検討会を開催するときに、まずは地域の子どもと大人が交流できる場が必要であるという意見がありましたので、一歩目としてはそこを目指していくことで共通認識を図りました。

すると、一つの小学校区内に住む民生委員やPTA、生活困窮家庭への学習支援活動をしている人たちなどが具体的な居場所づくりに向けて動き出しました。検討会の内容から考えて、「食事や学習だけでなく、子どもたちがしたいことができる場、地域に開かれた場になるよう積極的に地域資源と交流を行う」ことをコンセプトとしました。場所は、空き家を探したりお寺に相談したりしましたが、最終的には自治公民館と公立公民館、一軒家を借りて20年３月にスタートを切りました。

活動としては学習や食事、遊び、企業などと連携して農業体験や調理体験なども行っています。また、直接的な関わりは難しいとしても農家からの食材や篤志家からの現金寄付など、子どもたちへの温かい支援が安定した活動を支えてくれています。活動の中で気がかりな子どもやその家庭と関わることも増えましたが、その分学校や行政の子育て支援部局との連携も強化されてきています。詳しい事例に関しては別の章でお伝えしたいと思います。

## 2．子どもの居場所

市内には、子どもの居場所や子ども食堂は18カ所（23年７月現在）あります。活動主体は多岐にわたり、前述した民生委員やPTAが中心となっている場合もありますし、子育て支援関係のNPO、飲食店、市民団体、企業などもあります。那須塩原市社会福祉協議会では、子どもの居場所ネットワークを構築し、食材や現金の寄付活用や気がかりな家庭の情報共有や関係機関との連携強化の推進も行っています。居場所同士の連携を一つ紹介します。多くの居場所は月に１～２回開所のところが多く、子どもやその家庭にとってはもっとニーズが高いこともあります。そうした場合に一つの居場所でどうにかできるわけでなく、複数の居場所が連携することにより、対応することができる場が増えます。特に夏休みなどの長期休みの期間にニーズが高まるので、本人や家族に同意をとったうえで連携していくことは非常に重要なことだと考えています。

子どもの居場所の多くは日曜日に開催しています。何曜日に開催したほうが良いのかを考える時に子育て世代の意見を集めました。当初は平日の一斉下校の曜日が良いのではないかと予測していたのですが、意見として多かったのは学童保育のない日曜日でした。これを聞いて、日曜日こそ家族の時間を作らないといけないのにそれで良いのかという疑念を抱いた人は少なくありませんでした。しかし、地域の多くの人が集い多世代で交流ができるのは確かに日曜日ですし、保護者からの意見として多くはありませんが、「毎日働いて育児もしている。日曜くらい親も休息がほしい」といった声もありました。こういった意見は賛否両論あるとは思いますが、子育てもケアの一つだと考えると一概にそういった声を甘えや自覚が足りないなどと捉えることはできませんでした。核家族やひとり親家庭が増え、世帯を構成する人数が減っている今日、ケアを担わざるを得ない現在の若い世代を支える地域づくりが求められているのだと実感したエピソードでもありました。地域全体で子どもを育てるという表現を聞くことがありますが、まさにこれを体現している地域活動が子どもを中心とした地域の居場所です。

次に地域でできることとして、「ケアラーズカフェ」を紹介します。ケアラーズカフェは文字通り何らかのケアをしている人たちがお茶をしながら気軽に交流する場です。那須塩原市では10年前に市内の社会福祉士が開設し、発展してきました。最初は要介護状態や認知症がある家族をケアしている高齢者が多く集う場として福祉事業所の交流スペースを借りて月一回開催していました。その後、そこに来ている方たちが月一回では足りないと自主的に公立公民館で集まるようになっていきました。７年前からは、高齢者のケアだけでなく障がい者のケアに関わるケアラーも同様に集える場が必要であると考え、障害者家族会や発達支援センターを運営する幼稚園などとも連携し月３回開催しています。あともう１か所は喫茶店の定休日を活用してほしいというマスターがおり、そこで月１回開催しています。そこはがん患者会などセルフケアラーも含めて多様な人たちの憩いの場となっています。

ケアラーズカフェを通した関わりで印象に残っているケースを一つ挙げて、私が考える関わりについてお伝えしたいと思います。

小学校高学年の時から認知症の祖父母を介護していた学生がいました。この方との出会いは那須塩原市ケアラー協議会のことが新聞に掲載された折、その記事を読んで社会福祉協議会に連絡をくれたことがきっかけでした。この方に「ケアラーズカフェがあることをなんでもっと広く周知してくれなかったの？　知っていたら10年前から来ていた」という言葉をもらった時がありました。家庭は母子家庭でもあり、忙しい母になるべく心配をかけないように過ごしてきたこと、放課後は早く家に帰らないといけないので運動部には入れず、休日に友だちと遊ぶことも出来なかったこと、福祉事業所のスタッフとの関わりから同世代では培えない多くの知識と経験をすることができたことなど、たくさんの想いをカフェで話してくれました。

ケアラーズカフェで出会い関係性が深まってきた人たちからたまに言われることとして「僕にはお父さんがいないけど、お父さんのように思っている」「兄のような存在として頼りにしている」と言ったことがあります。これは支援の中では、依存されている・入り込みすぎると捉えられることは承知していますが、ケアを担うなかで家族だからこそ、友人だからこそ言えないことや遠慮していることがあるはずで、そういった気持ちを話せる相手がいることはとても重要なことだと考えています。ケアラー関連の情報を必要としている人へ届けるために行政や学校などから出される情報誌に積極的に記事を載せてもらったり、地域に暮らすまだ関心のない人たち、医療福祉教育の関係者への啓発活動を進めていくことが求められています。

（社会福祉法人　那須塩原市社会福祉協議会）

第 9 章

# ナチュラルサポーターとは ①学校のクラス

■ 高山恵子 ■

## 1．ナチュラルサポーターが大切な理由

現在、学校の先生は業務が多く、疲弊されている方もいます。その中で、また新たにヤングケアラーの初期支援を、学校の先生がクラスですべて一人で担うというのは、かなり大変なことです。そのためにも、専門家でなくとも、また大人でなくとも、「ちょっとしたサポート」が自然にでき、またヤングケアラーが心を許せる「ナチュラルサポーター」の存在が大切です。

学年が進むほど、大人である親や教師には相談しにくくなる子もいます。大人に相談する前のワンクッションとして、親しい友人になら話せるということもあり、この点からもナチュラルサポーターは有効です。そして、これはサポーター側にとっても、「人に役に立っている」という感覚が得られ、セルフエスティームを高めるきっかけにもなります。

「ちょっとしたサポート」の対象は、ヤングケアラーに限らずいじめや不登校などのサポートにも役立ちます。困っている子たちが誰かに話せる、聴いてくれる人がいる。そんな環境が、いろいろな問題の早期発見にも役立ちます。そのような「助け合う教室」をつくるということが大切です。

ナチュラルサポーターは、発達障害のある生徒のクラス内支援の文脈でよく使われる言葉です。症状の違いにかかわらず、学校でのちょっとしたサポートをクラスメイトがするという概念です。ヤングケアラーも同様に、ヤングケアラーに該当するかどうかや、ヤングケアラーという言葉自体を知らなくても、ヤングケアラーによくある困っていること（遅刻や早退が多い等）への支援をシンプルに行うということができたら理想です。このような、ちょっと家のお手伝いで疲れている友だちがいたから、スムーズに学校で生活できるようにサポートする、という感覚を大切にしたいものです。自分がヤングケアラーと認めたくないという親子が多いため、このようなさりげないアプローチも日本社会では大切だと思われます。

## 2．学校を保護的環境にする

PACEsという概念があります。これは、33ページのACEsに対する保護要因となります。つまり、過去にACEsの体験があっても、現在にPACEsがあれば対処できるということです。ナチュラルサポーターを含め、学校が子どもたちにとっての「癒しの場」や「救いの場」になるためのポイントを、PACEsにそって見ていきましょう。

1．無条件にあなたを愛してくれる人がいる

2．親友が少なくとも一人いる

孤独を感じ話し相手がほしいと思っているヤングケアラーもいます。解決しなくても自分の悩みを聞いてくれる人がいるだけで、人は時として安心感が持てるものです。少なくとも、誹謗中傷の言葉や存在を否定するような言葉をかけないで、そのような言葉を使っている人たちに気づかせ、ストップさせられるクラスメイトがいたら、それだけでも心が少しだけ軽くなるかもしれません。ナチュラルサポーターはこの役割を担えます。

3．定期的に他者を援助したりボランティアをしたことがある

ヤングケアラーはすでに他者を援助していますので、それが有害なストレスレベルにならない限り、成長につながることになります。ナチュラルサポートがいれば、学校が助け合いの実践の場になります。宿題を手伝ってあげたり、遅刻したときにクラスに入りやすいようにさりげなく声をかけたり、早退した時に配布されたプリントや必要な情報を届けたりするだけでも、どんなに本人は助かり、心がほっこりすることでしょう。

4．地域の子ども会など社会活動グループに参加したことがある

5．運動活動に定期的に参加したことがある

6．熱中できる芸術的・創造的・知的な趣味がある

7．学習のために必要な資源や体験を与えてくれる学校に通学できていた

これらはまさしく、学校での部活動や係活動、授業で実現できることです。ヤングケアラーは、部活の朝練に参加できなかったり、家族の夕食を作るために早めに切り上げたりする必要があるかもしれません。しかし、このような事情を認めてもらって、これらの活動に自由に気兼ねなく参加できると、気分転換にもなります。

8．援助が必要な時に頼ることのできる親以外の大人がいる

これは大人である教師、支援者の存在が重要ということです。ヤングケアラーはもちろん、ナチュラルサポーターの支援も重要です。以前、発達障害のある子のいるクラスでサポートを依頼され、疲弊したという真面目な生徒さんがいました。ナチュラルサポーターが限界を超えて、一人でなんでもサポートしようと思わないように、大人に頼れることは大変重要です。そして、先生の支援する姿が、他のクラスの子どもたちにとってのナチュラルサポートのモデルになるでしょう。

161ページの解説のとおり、ストレスにはいいストレス、許容可能なストレス、有害なストレスがあります。有害なストレスを許容可能なストレスに変えるためのポイントは、
①期間が限定されている（見通しが立つ）こと　②大人のサポートがあること　③休憩を取ること
でした。PACEsの要素が１つずつ増えていくにつれ、ヤングケアラーにとって学校は、大人やナチュラルサポーターからのサポートを受けられ、勉強や部活、休み時間等に、家庭のことを一時的にでも忘れることができ、子どもらしくいられる時間と場所になります。たとえ根本的な解決にはならなくとも、ヤングケアラーの貴重なストレス回復の場になり、有害なストレスレベルがより許容可能なストレスに変化するのです。

## 3．ナチュラルサポーターを増やすには

「ナチュラル」ということですので 基本的に無理強いしない／本人が自発的に、自然とサポートしたいと思うというのが、ナチュラルサポートです。その基本は、「助け合うクラスづくり」ということになるでしょう。それぞれが得意なことを活かして、クラスのために何かをする。そして感謝される体験を、一人ひとりができる環境があるのが理想です。

そのためには、自分が助けられ、ありがたいと感じたという体験が基本になります。専門的な、継続的な支援でなくとも、忘れたものを貸してくれた、わからないところを聞いたら教えてくれた、困っているときに手伝ってくれたなど、助けられた経験を多くの人は持っているはずです。その昔から日本にある「お互い様」という、互いに無理なく助け合うという感覚が浸透していくようなクラスづくりを目指したいです。

さらに、助けられたという思いを抱いた人（また、そのような場面を第三

者としてみた人）は、他の人を助けたくなるということが研究でも示されています。思いやりは広がっていくのです。

## 4．自然発生的なサポートの例

俳優で歌手の山崎育三郎さんは、17歳のときから大学１、２年くらいまで、足が不自由な祖母と認知症の祖父の介護をしていたそうです。支えてくれたのは中学時代からの親友２人だったそうで、祖父母を介護施設に連れて行ってくれたり、買い物や食事のサポート、祖父母と鍋料理を囲んで和気あいあいとした時間を過ごすこともあったそうです。「しんどい時期、“何で自分が面倒を見なきゃいけないんだ”と思ったこともあるし、祖父母に対してあまり良くない言葉をかけたこともある。でも友人２人が来ることで、いつもの友だちといるノリになれた瞬間というのが、一番自分にとっては励まされた。彼らの存在で乗り越えられたことがたくさんあって、ほんとに感謝しています」と、あるテレビ番組で語っています。今でいうヤングケアラーですが、当時はそのような概念は知らずに、自然発生的に２人はナチュラルサポーターになったのでしょう。そして友人が２人いたことは、ナチュラルサポーター自身にとっても負荷がかからず、うまくいった要因だと思います。

さらに学校外でも、ナチュラルサポートは可能です。シングルマザーの親が夜遅くまでかえってこず、妹や弟の面倒をみている子たちにご飯やおやつのおすそ分けをしたり、何気ない会話をすることで心が癒されることもあるでしょう。誰かの思いやりに触れると人はやさしくなり、思いやりは広がっていきます。そして、一人でも多くの困っている人が、「SOSを求めてもいいんだ」という感覚を持てるようになることや、ナチュラルサポーターだけでヤングケアラーを支援することはできませんが、ケースに合わせた支援の仕組みがいろいろ選択できるのが理想です。

**参考文献**

ジェニファー・ヘイズ＝グルード、アマンダ・シェフィールド・モリス著、松本聡子他訳（2022）『小児期の逆境的体験と保護的体験―子どもの脳・行動・発達に及ぼす影響とレジリエンス』明石書店

トゥプテン・ジンパ著、東川恭子訳（2022）『コンパッション―慈悲心を持つ勇気が人生を変える』OEJ Books

（NPO法人えじそんくらぶ代表　臨床心理士）

第9章

## ナチュラルサポーターとは
# ②地域の人たちの役割

■ 柴田直也 ■

## 1．ナチュラルサポーターの役割

医療福祉関係の専門職と呼ばれる人たちの多くは、「何か支援したい、しなければならない」という使命感が強く、相談を受けたり気になる家庭があったりすると、すぐに制度やサービスを駆使して支援につなげていきます。それは決して悪いことではなく、むしろスムーズに進めば本人や家族の生活の安定や改善につながることなので、適切な対応と言えると思います。しかし、ヤングケアラーの状況にある子どもたちへの関わりは、制度ではカバーできないことや、専門職ではない人たちの援助が重要になることが多くあります。例えば、当事者同士の関わりがピアサポートとして効果を生むことや、民生委員・児童委員などが地域の身近な頼れる人としてサポートしていることがあります。このようなサポートの担い手たちをナチュラルサポーターと呼んでおきます。

## 2．身近にいるサポーター

以下、事例を基にいくつか紹介していきます。まず、子どもの居場所に来たＡさん（小学生男児）は父が単身赴任で、母と双子の乳児との４人で暮らしています。Ａさんは「居場所」に来ている時に、学校の登校時間通りに行けていないことや、休むことがあることを話してくれていました。理由としては「双子のきょうだいがいて、お母さんががんばっているけど大変そう。学校に行くよりも家にいて面倒をみたほうが良いと思う」からでした。Ａさんを迎えに来たお母さんは確かに表情が堅く、疲れている印象を受けたことを覚えています。「居場所」のスタッフをしている女性の民生委員がお母さんと育児の話をして、日々奮闘していることや不安なことなどを聴いていましたが、こういった関係性は一昔前あった近所づきあい的な光景です。しかし、核家族化が進んでいる昨今は、子育て経験のある上の世代と暮らしている多世代家族も少なく、近所同士で気軽に話せる関係性を築くことも稀になっています。ましてや令和２年からのコロナ禍でその状況はますます加速したと感じています。本ケースも父はコロナ禍での単身赴任により、長期に渡り家に戻ってくることができない状況でした。そのような状況の時に日常のことを話し、時には相談できる地域の人（今回は民生委員）がいることは支えにはなっていたはずです。そして、双子を育てていることを聞けたことで、公立公民館で定期的に開かれている多胎児のいる家族が集う場を紹介することにつながりました。そこに参加したことで多胎児を育てている親ならではの苦労や、当事者同士だからこそ共有できる日常の話をすることができ、お母さんの孤独感は薄れていったように感じました。定期的な集いの機会だけでなく、親同士がつながることで日常的に連絡を取り合えるようになり、そんなママ友ができたことも気持ちが軽くなることにつながったのだと感じています。地域の人のチカラと多胎児の会の母同士のピアサポートがあったことが今回のケースでは大きな役割を果たしたと思います。お母さんの表情も柔らかくなり、「居場所」の送迎に来る時の口調も明るくなりました。そのような状況を家庭内でも感じたのかＡさんは気づけば学校に行くようになっていました。

この関わりから考えられることは、例えば、お母さんの対応をしたのが民生委員ではなく、相談機関の職員だったとしたら、民生委員のように傾聴の姿勢ではなく、お母さんの話から「何かつなげられる制度は無いか？」「どこの関係機関に相談しようか？」という意識になっていたかもしれません。すぐに課題解決に向けた支援をしようと動くのではなく、まずはじっくり日々の生活のことや不安を聞けたこと、相談者と相談機関職員という関係ではなく、子育ての先輩として比較的気軽に話せたことが関係性構築の要因だと考えています。また当事者同士のピアサポートとして多胎児の会に参加したことも大きな要因になっていると思います。そこには、相談職が行うような事務所での面談や自宅への訪問では作れない話しやすさであったり、当事者同士だからこそ分かり合える喜びや悩みがあったりするのだと思います。

## ３．顔見知りが集う居場所

次も地域の居場所から見えたことを紹介します。子ども食堂などの「子どもの居場所」と呼ばれるところは子どもを中心とした多世代の居場所でもあります。そこでは、食事（コロナ禍では購入したお弁当で対応していることが多かった）を一緒にとったり、子どもと一緒に調理したりすることもあります。また、勉強をする時間や遊びの時間を設けている団体も多くあります。そういった場で活動している人はNPO職員やPTA、民生委員・児童委員、普段は飲食店を経営している人など様々です。このような活動を見ていて感じることは、子どもと地域の大人が時間を共に過ごすことで顔見知りになり、その時間が増えることで信頼関係も増していくということです。現在は昔に比べると自治会の加入率の低下などにより、地域住民の関係性の希薄化が進んでいます。ご近所同士でコミュニティを作るより、例えば保護者同士が同じ境遇にある人たちでコミュニティを形成することが多くなり、「近所の○○さん家の○○君・○○ちゃん」「向かいに住んでいるおじさんの○○さん」などといった近しい人たち同士で知り合いである割合が減っていると感じます。そのような現状の中、地域の居場所で顔見知りになったことにより、例えば、その人がスクールガードをしていたら、今まではスクールガードの一人でしかなかったのに、登校時に名前を呼び合い、あいさつを交わすようになります。「朝ごはん食べたの？」「今日は学校でこういうことがあるんだ」「昨日の夜、家でこんなことがあったんだ」。こういった関係は登下校時だけしか出合わない場合にはつくることが難しかったが、居場所で多くの時間を共有し、人となりを知ったことで、子どもたちは自身のことを話せるようになりました。

つまり、ヤングケアラーの状況にあるかどうかで関わりをもつのではなく、同じ地域に住む人として自然に出会い、互いに人となりを知り、関係をつくることができれば、今は困り感が無くても、これからの生活の中で困ったことや悩みが出た時に話してみよう、頼ってみようと思えるでしょう。ヤングケアラーの状況で日常生活や学校生活に支障をきたしていることを赤信号だとすれば、そういった状況の子ども・家族には何らかのサポートが必要になっています。ただそこまでの状況でない黄色信号や今は生活に支障が無い青信号の段階から関係を築いていることが地域でできる大きな役割だと考えています。＜赤よりの黄色〜赤＞は専門機関の介入が必要ですが、＜青〜黄色＞の場合は相談したいことや求めるサポートは具体的にはないことがあり、シンプルに安心できる居場所と頼れる大人の存在が地域に用意されていることが、子どもたちにとって重要なことです。家庭や学校が安心できる場であれば良いのですが、そうではない状況になった時にスッと寄り添ってくれる地域との関係こそが理想だといえます。

## ４．ピアサポートで広がる支援

ケアラーズカフェを開いているなかでのピアサポート的な関わりから始まったエピソードを一つ紹介します。

お越しになった方は30代の母親と年少児の次男のお二人です。年長児の長男は知的障害と発達障害があり、就学先を地元の学校にするか特別支援学校にするか悩んでいるとのことで、ケアラーズカフェを共催している障害児者家族会の方から情報をもらっていました。それに加えて次男がこれから成長していく中で長男と関わってどのような想いを抱いていくのか、学校生活や友人関係などでどのようなことが想定できるのかも知りたいと話され、そのためにも家族同士でつながりがほしいと希望され、その後家族会に加入をされました。次男の今後のことについては所謂「きょうだい児」として考えていくことになります。母親は親同士のつながりを持つことで家族へのケアに対する不安や悩みを共有できる関係が出来ました。またその関係だけでなく、きょうだいである次男のつながりづくりを母親がアシストすることも大切なポイントだと感じました。「家族のことは私が理解しているし、家族のことは家族で何とかしたい」と思うことがほとんどの家庭内で起きていることだと思います。実際に家庭内でコミュニケーションがとれていて問題のない家庭もあると思われますが、きょうだいでありヤングケアラーの状況になり得る次男のことを気にかけてくれる家族会のメンバーや一緒にきょうだいとしての状況を共有できる同年代とのつながりがあることは心強いものになっていくはずです。

こういった関係性は行動力のある人や家族会やきょうだい会などの情報をキャッチした家族であれば構築できる可能性は高いですが、そういった人ばかりではないので、子どもや家族に関わる地域の人、教育や医療、福祉機関が日常の家族の気持ちをできる限り把握し、情報のネットワークを強化していく必要があると考えています。

（社会福祉法人　那須塩原市社会福祉協議会）

# 第10章 メンターとは ①カタリバの事例

■ 和田果樹 ■

## 1. メンターのイメージ

認定NPO法人カタリバ（以下「カタリバ」）は、2020年からのコロナ禍を機に、経済的困窮の中で孤立する親子をオンラインで支援する「キッカケプログラム」事業を開始しました。家庭にデバイスを無償で貸し出し、子どもと保護者にそれぞれオンラインで伴走しながら様々な支援や学びの機会に繋いでいます。その利用者の中にヤングケアラーの子どもたちが多数いたのは前項で書いた通りです。それまで対面での支援が中心だった中で、とにかく「次もパソコンを開いてまた来よう」と思ってもらえる仕掛けや関係性づくりに試行錯誤しながらも、これまで延べ約1800人程の子どもたちとその保護者にオンラインの伴走支援を届けてきました。

その最前線で子どもと関わっているのが「メンター」です。カタリバが2001年の創業以来大切にしてきた「ナナメの関係」―親や先生のようなタテの関係ではなく、同世代のようなヨコの存在でもない、子どもたちにとって利害関係のない「一歩先をゆく先輩」的な存在―として、ヤングケアラーや貧困、親子関係の困難さなど様々な課題を抱えた親子に日々伴走しています。指導やカウンセリングではなく、あくまで「伴走」であることがポイントです。メンターは家庭の状況はある程度把握しつつも、「課題」に焦点を当てて「解決」を目指すことは目的としません。困った時の相談窓口というよりは、困っていなくても定期的に顔をあわせ、日常のいろいろなことを共有します。たとえ課題があっても「こうあるべき」を押しつけず、本人の中にある「こうしたい」「こうありたい」という答えを共に探し、言葉にしていく手伝いをするのです。今、この瞬間に隣にいることの心地よさを大切にしながらも、未来に目を向け、一緒に悩み、時には背中を押していきます。カタリバでは年代の近い大学生や20代の社会人が中心にその役割を担っていますが、より多様な年代や属性の大人がメンター的に子どもたちに関われるとよいでしょう。

## 2．メンターを通して自分と向きあう

ヤングケアラーの子どもたちは、ケアや家庭環境の制約から、日々の中で自身の将来やありたい姿をのびのびと考える機会や余白が少ないように思えます。にもかかわらず、その状況が当然になっていて困り感が明確になりにくかったり、複雑な葛藤を抱え他者にSOSを出せず孤立を深めやすいと考えます。そのような日常が長く続くと、いつの間にかケアによってやりたいことを諦めたり、そもそもやりたいことすら満足に描けないといった状況に繋がってしまいます。

だからこそ、日々の中で子どもに対し「あなたは今、どうしたい？どう感じる？」とふと立ち止まって考える瞬間をつくり、それを積み重ねていくことが重要です。子ども自身、たとえ今は自身の困り感を認識していなくても、中３や高３など進路の移行期が近づくと悩みが顕在化することが多くあります。その時になって初めて「自分自身がどうしたいのか」と向き合うことは負荷が大きく、孤立したり、消極的な選択をしてしまいやすいと思います。だからこそ、進路の移行期を迎える前の段階から日常的に、家族や家庭環境ではなく「自分」に矢印を向け、自分が日々何を感じ、これからどうしていきたいのかを考え発信する練習を積んでいく必要があります。そして、その機会を提供するのが「メンター」なのです。

もちろん、その子や家庭が抱える制約や葛藤は簡単に解消できるものではないし、メンターによる関わりが全てを解決するわけでもありません。しかし、ケアの負担軽減や経済面などの具体的ニーズはしっかりとキャッチし、各機関と連携しながら支援につなぐ必要があります。「家のことが大変な中でも、きちんと自分自身の気持ちや将来と向き合った」また「自分ごとのように、誰かが自分の人生のことを一緒に考えてくれた」という経験の積み重ねを、どんな子どもたちにも届けていきたいと思います。それらはやがて「自分を大切にする力」「そのために人を頼る力」につながり、ケアや家庭環境の大変さと共にある中でも、子どもが自分らしい未来をつくっていくエネルギーに変わるはずだからです。

（NPOカタリバ キッカケプログラム）

# 第10章 メンターとは ②CANの事例

■ 持田恭子 ■

## 1. ピアメンターとは

一般社団法人ケアラーアクションネットワーク協会（以下「CAN」）は、家族を支えている子どもたちのケア経験を価値として捉え、子どもの成長と発達に寄与する活動を2020年から本格的に行ってきました。2022年３月、日本初の制度として「ヤングケアラーメンターシップ制度」を開発し、大学生に向けてピアメンターを募集しました。

この制度は、元ヤングケアラーである大学生や大学院生、専門学校生らが、中学生や高校生のヤングケアラーのお兄さん、お姉さん的な良き先輩となって、交流会で聞き役になりながら、交流しやすい環境を作り、仲間関係を活性化させるという新しい制度です。

ピアメンターは全く新しい概念で作られた造語です。ピアとは「仲間」という意味で、家族をケアしているという、似たような境遇の中で暮らしてきたからこそ分かり合えることをベースにしたメンタリングを行います。つまり、ピアメンターとは「仲間としてメンタリングを行う人」という意味です。

メンタリングとは「成長支援行動」といい、サポートとは異なる位置づけです。

先輩として、自分のケア経験を語ったり、中学生や高校生のヤングケアラーと近い年齢で同じ目線になって共に語り合ったりして、グループでメンタリングを行います。中学生や高校生と話しながら信頼関係を構築し、ヤングケアラーの自発的・自律的な成長発達を促します。それだけでなく、中学生や高校生のヤングケアラーとの対話を通して、自分自身にもケアを積極的な価値と見なす力があることを認識します。

この制度を通して、リーダーシップ能力や企画力などが鍛えられ、これまで生活の中で培ってきた経験を活かしながら、自分のケア経験をプラスの価値にしていきます。

「探求プログラム」や「ほっと一息タイム」が終わった後には、振り返り会を行い、自分が担当した子どもの言動で気になったことはなかったか、困ったことはあるかなどを話し合います。

## 2．自分の力を再認識する

ピアメンターになるためには、まず一次面接を受けて合格しなければなりません。その後で無料の養成講座を受講します。養成講座では、ケアラーであるからこそ、意識しなくても発揮している力とは何かを再認識したり、言われて嬉しいことや、反発を招くような言い回しについて議論をしたりしながら学び、ピアメンターとしての資質を引き出していきます。

ピアメンターは、CANが開発したプログラムに参加して、実際に中学生や高校生らと対話を重ねます。そこでは、ピア（仲間）だからこそ分かり合える共感が生まれ、子どもたちとの連帯感を育みます。

ある程度経験を積んだピアメンターは次のステージとして、プログラムの進行役を任されたり、個別相談支援を行ったりします。ボランティア活動の領域を拡げていくことができるので、そうした取り組みを自身の就職活動にも役立たせることができます。学生時代に得た経験をもとに、就職先ではリーダーシップの力を存分に発揮して、社会の即戦力として「エンプロイアビリティ（雇用される力）」を高めることができます。

## 3．社会が変わる仕組みを作る

わたしたちは、子どもたちが家族をケアしていることで得た観察力や察知能力などの力を子どもに認識してもらうことに重きを置いています。そうした力を発揮して社会に還元することができるような取組を行っています。ピアメンターを中心にヤングケアラーやヤングアダルトケアラーの声を集めて、分かりやすい映像にして社会に還元していこうとしています。ヤングケアラーは、これからの日本社会を牽引していく子どもたちで、力強いパワーを持っています。社会が変わるきっかけを作っていきたいと願うヤングケアラーたちと共に、わたしたちも成長し続けながら、社会にいる人たちにもそうした子どもたちを応援する仲間になってもらいたいと思っています。

（一般財団法人ケアラーアクションネットワーク協会 代表理事）

第11章

# コーディネーターとは ①元教師としての視点

■ 海老沼信行 ■

## 1．はじめに

私は、教職を定年退職した後に、本市の教育委員会生涯学習課に３年間勤めました。その任用期間も終わるころ、こども福祉部家庭児童相談課で「ヤングケアラー対策事業」を新規に開始するので、職員を増員するからやってみないかと声をかけていただき、会計年度任用職員として採用されました。それが、私の「家庭相談員兼ヤングケアラーコーディネーター」としてのスタートです。

以上のような経緯ですので、福祉に関する業務経験は皆無であり、国や都道府県等がヤングケアラーコーディネーターの要件として示す、社会福祉士、精神保健福祉士、保健師、ケアマネジャー、介護福祉士等には該当しませんが、私が取り組んできたものが、少しでもヤングケアラーの理解と支援に動き出す自治体等の参考になればと思い、今回の原稿依頼を受けさせていただきました。稚稿ではありますが、ご容赦ください。また、これまでの活動から、教育関係への周知・啓発を主として記載することをご了承ください。

なお、以下に示す取組は、本課の職員としての活動であり、他の職員の助言や協力がありましたことを申し添えます。

## 2．実施計画

佐野市の「ヤングケアラー対策事業」を開始するにあたり、まずは、その実施計画を作成することから始めました。それは、実施計画そのものが、ヤングケアラーコーディネーターとしての活動の指針となるものだと考えたからです。

実施計画作成の拠り所としたものが、本市が独自に実施した「中学生の生活実態に関するアンケート（ヤングケアラー実態調査）」です。厚生労働省が令和３年４月に公表した「ヤングケアラーの実態に関する調査」の結果を受けて、本市が令和４年１月に中学２年生、義務教育学校８年生を対象に実施したものです。

その結果、次のような現状と課題が見えてきました。

①　ヤングケアラーという言葉をよく知らない子どもたちには、その言葉を周知するとともに、啓発し正しく認識を深める必要がある。
②　家族の世話をしている子どもの中には、悩みや困っていることがあり、今の生活に不満を感じていてもなかなか相談できない子どもがいる。
③　子どもたちが相談しやすくなるよう、周りの大人たちから声かけをしたり、相談できる場を設定したりすることが必要である。
④　ヤングケアラーを早期に発見するとともに、子どもらしい生活を送れるよう、市と学校をはじめとする関係機関が連携して支援策を検討していくことが必要である。

そこで、４つの方針を立てました。

①　ヤングケアラーの社会的認知度の向上を図るための啓発を行う。
②　ヤングケアラーと思われる児童及びその家庭の早期発見に努める。
③　適切な支援につなぐために、関係機関と連携し一体的な支援体制の構築を図る。
④　円滑な推進を図るため、ヤングケアラーコーディネーターの配置及び専門性と資質の向上を図る。

そして、それぞれに対しての具体策を検討し、具現化を図ることに努めてきました。役に立ったのは、年間実施計画表を作成し、時系列でやるべきことを明確にしたことです。また、一つの実践項目に対してロードマップを作成し取り組むことで、短いスパンでの目標や進捗状況が把握できました。

実践では、ヤングケアラーに関する「社会的認知度の向上」と「実態把握の場の拡充」をねらいとして、特に学校関係を中心に周知・啓発及び連携依頼をしてきました。その流れや内容について、次に述べさせていただきます。

## 3．周知・啓発

### （1）教育関係

学校関係者は、日頃から子どもと接する時間が長く、行政機関より子どもたちに近い位置にあるため、悩み相談や早期の状況把握という視点から重要な役割をもっていると考えられます。そこで、各学校への周知・啓発をすることを通して連携の依頼をしたいと考えました。そのために、まずは市教育委員会学校教育課へ実施計画を基に本事業の説明をさせていただき了承を得ることから始めました。本来であれば、全教職員を対象に確認の意味も含めてヤングケアラーに関する周知や啓発を実施すべきところかもしれませんが、それは、性急すぎであり、ハードルも高すぎると思いました。そこで、各校の核となる立場にある先生方から順次、アプローチをしていくことにしました。対象は、市立小・中学校、義務教育学校です。

1）**校長会**…はじめに小中校長会長のもとへ伺い、趣旨の説明をし、校長研修会の場で時間をいただき、本事業の説明をすることの了承を得ました。実際の概要説明では、校長先生方へスライドを提示しながら説明するとともに、本事業の実施計画書も配付しました。一般的に定例校長会で配付した資料は、各校において教頭や教務主任、担当者へ回覧もしくはコピーされることが多く、資料配付による周知・啓発の効果は大きいと思います。併せて、校長指揮監督下にあるスクールソーシャルワーカーやスクールカウンセラーとの情報共有、業務連携の許可をいただけるようお願いしました。また、必要に応じた活用ができるように、アセスメントシート（厚生労働省「ヤングケアラー」早期発見のためのアセスメントシートを参考に作成）も配付しました。

まず校長先生方の理解を得て協力をいただくこと、それがヤングケアラーに関する周知・啓発ばかりでなく、早期に把握するためにも肝要なことと思います。

2）**教頭会**…同様にして、教頭研修会の場で本事業の説明をするため、教頭会長へ打診し了承を得た上で、説明の時間をいただきました。教頭職という業務の一つに、校内に関することを外部へ繋いだり、外部からの依頼に対応する司令塔になったりすることがあります。そういった意味では、教頭先生方への本事業のプレゼンは、学校と外部の窓口となる教頭先生のポジションという観点から、有効的なものと考えられました。ヤングケアラーと思われる子どもについて、外部関係機関から学校へつなぐのも、まずは教頭先生宛です。また、学校からの情報提供は教頭先生からあるのがほとんどです。

プレゼンの最後には、こんな言葉で結びました。「教頭先生は、その学校のすべてを把握し、動かしている学校の要です。ヤングケアラーに関することについても、ぜひ連携協力を。」

３）**児童指導主任・生徒指導主事連絡協議会**…学校において、より多くの時間を子どもたちと過ごすのは、担任の先生であることは間違いないでしょう。そして、子どもたちにとって、何かしらの問題や心配なことがあった場合に、あるいはそれらを未然に防ぐために、中心となって実動するのが、小学校では児童指導主任、中学校・高等学校では生徒指導主事の任にある先生方です。そこで、児童指導主任・生徒指導主事連絡協議会の顧問を務めているお二人の校長先生の学校へ伺い、同協議会の研修会に同席させていただき、本事業のプレゼンを行いたい旨を伝えました。

お世話をしている子どもたちの中には、学校生活の場でも様々な様相を呈する場合があります。それは、学習意欲の低下であったり、交友関係の希薄化だったり、行動性格面の変化があったりします。行動範囲や時間、体力といった量的なものばかりでなく、やる気や苦しさに伴う精神的エネルギーといった質的なものに起因することがあります。

そこで、ヤングケアラーと思われる子どもたちにとっても児童指導主任や生徒指導主事の先生方の存在は大きいと考え、ヤングケアラーに関する周知・啓発を進めました。

４）**小学校教育研究会養護部会**…子どもたちにとって、頭が痛い、お腹が痛いといった病気や学校生活上でのケガなど、なくてはならないのが保健室の先生の存在です。そこでは、疾病やケガだけでなく、子どもたちの心のバロメーターもみてくれます。悩みや不安、心配事、怒りやイライラ、不定愁訴等、その守備範囲は多岐に渡ります。保健室を訪れる子どもたちの中には、ヤングケアラーと思われる子どもがいるかもしれません。また、今は声に出していなくても、周りの大人たちにSOSを発信したいヤングケアラーがいるかもしれません。そんなとき、保健室の先生はどんなに心強いものでしょうか。

同部会長の校長先生へ、夏休みの研修会の場に少し時間を割いていただき、ヤングケアラーに係る話をさせていただきました。この時は日程の都合で小学校教育研究会の先生方が対象でしたので、今年（令和５年）の８月には、小・中・高の養護教諭からなる養護教諭研修会でヤングケアラーの視点について、話をさせていただく予定です。

**5）子どもたちへ**…子どもたちは、学習し、知識をもつことにより、視点が広がり感じ方や考え方が多様になったり、深まったりします。そして、その言動が変わってきます。学校教育でいえば、授業をはじめとする教育活動を通して、「学び・体験」、「知識・理解」「思考・判断」、「態度・行動」等が互いに関連し合い、子どもの学びが深まり、ひいては個の自立につながっていきます。それは、ヤングケアラーに関する知識についても同様でしょう。家族の世話をするのが当たり前という文化から個人の尊厳の意識へという変化にある今、子どもたちがヤングケアラーに関する正しい知識をもち、ケアについて自己選択したり、自分の思いを認識し表現したりすることは、子どもが子どもでいるために必要なことと考えます。とはいえ、授業でヤングケアラーそのものを扱うことは、まだ多くはないことと推察します。

そこで、学校へのヤングケアラーに関するチラシの配付時やヤングケアラーに関するアンケート（佐野市独自）の実施後に活用できる、教師用指導資料（読み原稿）を作成し市内の小中学校に送付しました。そうすることで、子どもたちへ伝えてほしい内容が伝達でき、子どもたちへの周知・啓発の一助となるのではないかと考えました。読み原稿は、小学校１～３年用、４～６年用、中学生用とし、子どもの発達の段階に応じて活用していただけるようにしました。

**6）その他**…このように、学校関係へヤングケアラーに関する周知・啓発を進めていく中で、本市の人権教育主任研修会や新規採用教職員研修会での講話依頼がくるようになりました。家庭児童相談課から働きかけていた取組に、教育現場の方から申し入れがあるようになったことは、周知・啓発から連携・協力につながってきたこととうれしく思います。また、各校の役職にある先生や担当者ばかりでなく、担任をはじめとする教職員にも広く啓発していく必要があると考え、各校への「ヤングケアラーに関わる出前研修会」を計画し、案内を配付しました。

### （2）地域・団体等

本市のヤングケアラーに係る取組が、市民や各団体等に少しずつ知られるようになり、それぞれの研修会で講話依頼がくるようになりました。その活動を通して、地域をはじめとした市民のみなさんのヤングケアラーに関する認知度が、わずかながらでも向上したのではないかと思います。以下に、実施の順に記します。

ア　佐野市主任児童委員部会研修会…主任児童委員が早期発見や状況の把握という視点から重要な資源であることを軸にした講話。

イ　佐野市ケアマネジャー連絡会研修会…ケアマネは、他の職種では難しい領域である「直接家庭に介入できる」役割を担っていることから重要な存在であること、「家族＝社会資源」の考え方にヤングケアラーの視点をもつことについての講話。

ウ　佐野ロータリークラブ卓話…本市の「ヤングケアラー対策事業」に何か協力したいとの申し入れがあり、子どもたちにヤングケアラー啓発用のクリアファイルを寄贈いただきました。併せて、同クラブ月例会での「ヤングケアラーとは」と題した卓話。

エ　佐野市の青少年とともに育つ市民の会研修会…総会の後に、「ヤングケアラー視点～子どもが子どもでいるために～」をテーマにした講演。

オ　地区民生委員児童委員協議会研修会…上記の市民の会の講演会に参加された民生委員から依頼があり、「ヤングケアラーへの関わりにおいて民生委員のできること」をテーマにした講話。

## 4．支援体制の構築

ヤングケアラーへの支援体制の構築のために、連携フロー図を作成するとともに、ヤングケアラー及びその家族を支える関係機関の関連図（組織体制）を作成しました。作成には、厚生労働省や先行する自治体の資料を参考にさせていただきました。

・教育分野…教育委員会、学校、幼稚園、認定こども園
・児童福祉分野…家庭児童相談課、こども課、保育課、要保護児童対策地域協議会、児童相談所、保育所、認定こども園
・その他の保健、福祉分野…健康増進課、社会福祉課、社会福祉協議会
・高齢者福祉分野…いきいき高齢課、介護保険課、地域包括支援センター、

居宅介護支援事業所
・障がい福祉分野…障がい福祉課、相談支援センター、相談支援事業所
・医療分野…病院、診療所、訪問看護ステーション
・地域の関係者等…民生委員児童委員、主任児童委員、放課後児童クラブ、放課後等デイサービス、フードバンク、こども食堂、地域住民など

その組織体制を基に支援体制を運用するためには、各関係機関が同じ目的意識をもって協力し合って取り組むことが不可欠となりますので、前述の周知・啓発の場では、それぞれの立場からの連携を呼びかけました。

なお、要保護児童対策地域協議会への連携依頼は、同会の代表者会議と実務者会議後に場を設定しました。その場には、介護保険課、いきいき高齢課、社会福祉協議会、こども食堂を運営するＮＰＯ法人、市内５カ所の地域包括支援センターの方々にも参加いただきました。

ソーシャルワーカーとの連携については、市教育センターを訪問し、所長をはじめ関係職員に連携の依頼をしました。そして、支援体制の推進につながるよう、スクールソーシャルワーカーとの情報共有会議を定期的（年５回）に実施しています。また、県のスクールソーシャルワーカーには、「ヤングケアラー対策事業」の説明の場を設定し、連携及び支援協力をお願いしました。

## ５．今後の課題

概念的なスローガンで表すならば、「支援体制の構築から効果的な運用へ」です。そのための課題は山積されているでしょうが、これまでの実践を通して顕著になったもので挙げるならば、ヤングケアラーと思われる子どもの、個としての把握の難しさです。周知・啓発に取り組んできましたが、学校からの情報や子どもからの声をキャッチすることがなかなかできませんでした。周りの大人たちがヤングケアラーと認定するものではないし、子どもと接するときに、ヤングケアラーという言葉をあえて使う必要はないと言われますが、うまく機能しなかったことを内省させられます。

今後は、広く教職員への啓発を進め、ヤングケアラーに関する理解の拡充を図る必要性があると考えます。

また、ひとり親家庭や共働き家庭などで、フルタイムで働かざるを得ない

場合を含み、経済的理由に対する支援策やネグレクトが背景にあるケースへの支援方法などを検討していかなければならないと思っています。

個人的な課題となりますが、社会福祉や介護・医療関係に精通し、知識や対応スキルを高める必要性があると思います。それが、ひいては調整力の向上につながると考えます。

## 6．結びに

福祉関係の素地がなく、家庭相談員としてもヤングケアラーコーディネーターとしてもゼロからのスタートであった私に、このような寄稿の場を与えてくださった、那須塩原市ケアラー協議会の仲田海人様をはじめ関係の皆様に感謝申し上げますとともに、子どもの想いに寄り添いながら、家族の気持ちを大切に、一緒に考え、丁寧に取り組めるようでありたいと思います。

末筆になりますが、子どもたちが「子ども時間」を自分のために使えるような社会になることを祈念いたします。

（佐野市こども福祉部家庭児童相談課ヤングケアラーコーディネーター）

第11章

# ②ヤングケアラーコーディネーターが各地域に根ざす意味
## ～元ヤングケアラーの視点から～

■ 小林鮎奈 ■

## 1．はじめに

一般社団法人ヤングケアラー協会（以下、ヤングケアラー協会）は、元ヤングケアラー当事者を中心としたメンバーで構成され、「すべてのヤングケアラーが自分らしく生きられる世界を」を理念として全国でヤングケアラー支援をおこなっている団体です。

一人ひとりの当事者経験や、キャリア支援と心理的支援の専門性を土台として、ヤングケアラーと若者ケアラーに向けた支援を幅広く展開しています。

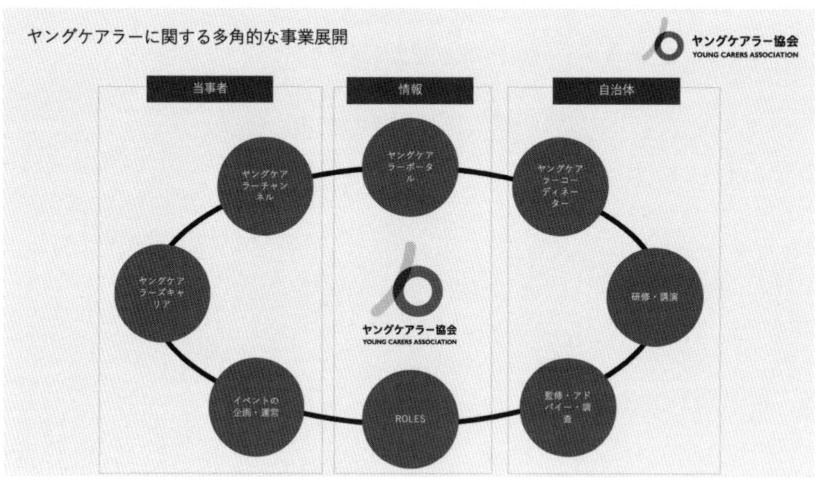


## 2．ヤングケアラー支援の広がり

「ヤングケアラー」という言葉自体は以前から存在してはいましたが、世間ではほとんど知られてはいませんでした。しかし、ここ数年でこの言葉の認知は国内で大きな広がりを見せ、支援体制を整えるべく国や各地方自治体が動き出すほどに変わってきました。その背景には、知られていなかった子どもの存在がさまざまな形で知られるようになってきたことに加え、少子化や高齢化、核家族やひとり親家庭の増加、ご近所付き合いなどの地域でコミットする場が減ってきたなどの様々な時代の変化により、ヤングケアラーの数も増えているからと考えられます。

家庭や地域でつながる大人の数が減っているからといって、子どもがその役割を補填できるものではありません。本来は大人がしてきたことを、社会の変化によって子どもが担う形でいいのでしょうか？家庭内の大人の数が減っているのであれば、それを社会の中で補っていく必要があります。

今、目の前の子どもたちに向けて、大人の一人ひとりが真剣に考えていかなければなりません。何故なら、子どもの未来を守ることは、近くにいる大人にしかできないことだからです。

## 3．ヤングでは終わらないヤングケアラー（私の事例）

ヤングケアラーと一言で言っても、非常に幅広いケアの形と家族の形が存在します。たくさんの事例を知り、背景を含めた本人の気持ちを考えていくことが大切です。

ひとつの事例として、私の原体験を記したいと思います。自分であったらどうするか？という当事者の視点と、どのタイミングでどのような大人が存在するといいのか？どのような支援があることが望ましいのか？という客観的な視点を持ち、想像しながら読んでみてほしいと思います。ヤングケアラー支援において非常に重要なのは、まずは想像し知ろうとすることです。身近なこととして考えることから、その一歩は始まります。

私のヤングケアラーとしての経験は、私が小学校２年生のころに母が「統合失調症」という心の病気を発症したことから始まりました。

思い出すと、私が保育園の頃から母は何かと悩んでいる様子が多かったです。30代前半の母は、引越してきたばかりの新しい地での仕事探しや近所付き合い、子ども２人の子育てなどに苦労していました。当時４～５歳だった頃の私には、もちろん母の悩みの理由などは分からずに、なんとなく母の話の聞いて元気のない時は励ますことを幼い頃から自然とやっていました。不器用だけど素直で優しい、そんな母を私は大好きでした。

小学校２年生のある日、母は病気を発症し、その後は良くなったり悪くなったりの不安定な日々が長く続きました。体調がいい時には、いつも家族のためにたくさんの料理を作ってくれるような一生懸命な母でした。ただ、調子を崩している時は病気の影響からいろいろな症状が出現し、落ち込んで寝込んでしまうことも、悲しそうに泣き続ける日も少なくなかったです。時には死のうとして何処かへいなくなってしまったこともありました。調子が悪い時は、考えごとがたくさんあるためか、思考がまとまらず同じところを行ったり来たりし、一つの動作にとても時間がかかることや、同じ話を何度も繰り返すこともよくありました。こういった病気の症状は、私自身も歳を重ねていくにつれて徐々に理解していきましたが、小学生の頃はよくわからないことの方が多かったです。ただ悲しんでいる母を少しでも元気づけたい気持ちと、分からない病状に翻弄されて、悲しい気持ちや不安になる毎日でした。幼い私から見ても、調子が悪い時に母が家事をするのが大変なのはよく分かり、自然と私がご飯を作ることも当たり前となっていきました。母は病院に通院してはいましたが、度々行けなくなりました。誰かに母の話を聞いてもらいたい、病気なのだから良くなる方法があるのだろうと思っても、子どもの私からすると明確な相談先が分かりませんでした。

中学生の頃は、日々のモヤモヤした気持ちを言葉に表せず、悩みや辛さを誰かに話すことはなく、色々な気持ちや目の前のことを「仕方ない」と思うことでやり過ごしていました。先を考えるほどに疲弊して、不登校になった時期や進学を諦めたこともありましたが、なんとか定時制の高校に進学をしました。「もうどうでもいい」と思った時の支えになった存在は、当時の気にかけ続けてくれていた担任の先生でした。私から先生へ頼ることはなかったですが、“気にかけ続けてくれていた身近な大人の存在”は大きく、自分のことを見てくれて応援してくれている人がいると思えたことは、その後の人生でも頑張る糧となっていました。

母の病気については、色々な社会資源があることを高校生の頃にインターネットで調べて知りました。そこから親に伝え、病院に相談し、手続きの詳細な方法を知り、実際に活用できるようになるまでは５～６年の時を要しました。保健センターへ相談に行ったこともありましが、“何をしてほしいか”を伝えられずにただ困っていることだけを伝えて話は終わってしまいました。

高校を卒業した後は専門学校に通い、学費と生活費のためにたくさんのバイトをしながらやりくりし、僅かなお休みに母の通院に付き添いました。病気や薬のことを調べて先生に相談し、主治医の先生からは「娘さんの言うことを良く聞いてね」と母は言われていました。幼い頃から比べると担う責任の重さも大きくなり、自分の人生とケアの両立の忙しさはとても大変でした。

成人後、同じ子どもの立場の仲間（ピアグループ）と出会って私自身大きく変わりました。家族のことを相談できるようになり、「１人じゃないんだ」と心強くもなり、とても支えられました。ただ、18年は長くとてもたくさんのことがあり、早くに「第三者の存在」と出会える機会があることを切に願います。

## ４．ヤングケアラーとその家族を支える視点

上述の事例で、どのような支援があることが望ましいと考えましたか？第三者とつながるタイミングはどのようなところにあるでしょうか？悩みがあり孤立している母を周産期の段階からサポートすること、子どもが学校の中で発するサインに気づき子どもの話を聞けること、母の通院先のクリニックで子どもを気にかけてもらうこと、市の窓口に行った時や保健センターに子どもが相談に来た時に支援機関と繋がること、病気の知識を大人と知る機会や、複雑な行政手続きを一緒にしてくれる人、奨学金を受ける申請サポートなど…どれもが重要だと思います。

子どもがケア負担を担っている家族を支える時に、大きく分けると以下の２つの視点がとても重要になります。

① **家族システムの状況を知り家族のサポートをする：家族全体のケアの状況を知り、アセスメントする。状況に応じて、継続的なモニタリングまたは民間団体を含めた必要な支援などを検討する。**

② **子どもの人生をサポートする：子ども自身の声に耳を傾け、ライフステージに合わせて子どもの人生をサポートする（ヤングケアラーのいる家庭では、大人がすでに一杯一杯になっている状況が多いため、子どもの声を聞ける存在が必要）。**

また、なるべく早い段階で第三者とつながる機会をつくることも望ましいと考えます。理由としては、早い段階の方が他者と繋がりやすく、孤立した状態が長引くことや複雑化することで第三者の介入が難しくなるためです。また、実際に大変な状況で「大変だ」と声を上げることも、信頼関係を構築

することも、とても難しいものになるからです。

## 5．ヤングケアラーコーディネーターの業務

全国の都道府県や市区町村単位でも、ヤングケアラーコーディネーター（以下、YCC）が配置される自治体が少しずつ増えてきました。既存の組織で連携を図りヤングケアラーを中心とした家族全体を支えるためには、縦割りのシステムに横串となるYCCの存在が必要不可欠です。そして、YCCが機能するには、YCCが市区町村単位で根ざしていくことが重要です。

虐待や非行に当てはまらないヤングケアラーは、既存の児童福祉分野の窓口だと支援から抜け落ちてしまうことが多いです。若年で複数の窓口に行くことも難しく、窓口を一本化することが大切です。

また、18歳でケア自体が終わるわけではないため、その先の若者ケアラーも支援できるYCCが重要と考えます。

ヤングケアラー協会では、東京都品川区（人口約40万人に対して、18歳未満の児童人口が約５万５千人）でYCCの業務を担っています。品川区の子ども家庭支援センターに配置され、連携しながら主に以下の業務を行っています。

### 1）ヤングケアラーの正しい理解の普及とネットワークづくり

ヤングケアラーの正しい理解を広めることとネットワークづくりは地域におけるヤングケアラー支援の基盤となります。

ヤングケアラーについて、ネガティブなレッテルを貼られてしまうことも多くあり、それにより子ども自身が気軽に声を上げづらくなることも起こります。“ヤングケアラー”という単語が急速に広まっているからこそ、子どもの気持ちが偏見に晒されないよう、丁寧に世間に伝えていく事も大切となります。

また、ネットワークの構築において、まずは地域を知ること・顔の見える関係を築くこと・地域の資源を整理することが重要です。支援者の方などが「気になった」と思った時に、気軽にYCCに情報が集まる仕組みづくりを目標にして動いています。

実際には、区内にある学校や児童センター、子ども食堂や医療機関、就労センターや様々な民間団体など、関係各所に直接足を運び、ヤングケアラーについてやYCCの説明、どのように連携を図っていけるかなどを直接相談

し、情報交換などを行っています。

他にも、支援者に向けた研修を開催し、当事者の経験を伝え、“実際に自分がヤングケアラーだったらどのような気持ちでいるか”などの体験型のワークショップなどを実施しています。

また、直接ヤングケアラーやその家族と会う機会の多い医療機関で研修会を行ったり、学校で生徒向けの訪問授業を実施し、直接学生にヤングケアラーのことや相談できるLINE窓口を紹介することなどに取り組んでいます。

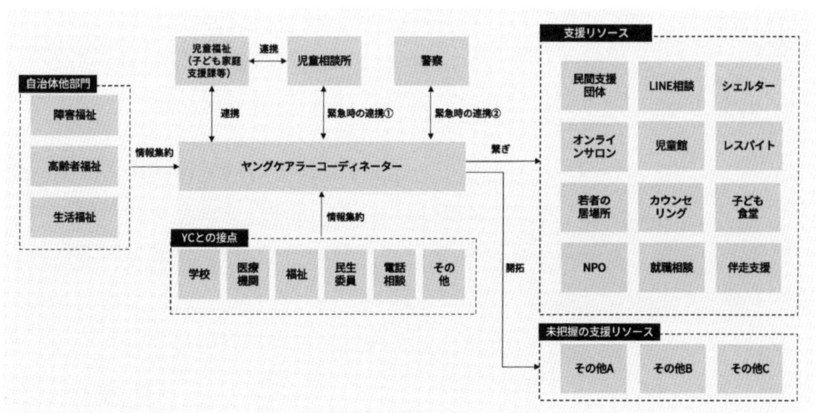


### 2）情報の集約・モニタリングや支援への繋ぎと連携

ヤングケアラー支援にあたり、YCCに情報が集約されて、個別のケースに応じたアセスメントを行います。緊急性が高いケースは、まずは緊急性からの脱却が最優先になりますが、その他の場合は家族システムやヤングケアラーのライフステージに合わせた個別の対応を考えます。

また、以下のようなヤングケアラーそれぞれの段階もあります。伝わりやすい言葉を用いて、定期的に情報を得られる機会を提供できることが望ましいです。

**1　ヤングケアラーという言葉を知らない段階**

**2　自分で情報を集め、知ろうとする段階**

**3　自分からアクション（聞く／話す）する、他者と関わりを持ち始める段階**

**4　支援者やYCなどと関係を持つ段階**

周囲の大人に働きかけ、見守ることができる大人や関わる大人が増えることもYCCにできることの一つです。支援者を支援する際に、特に学校の役割は大きいですが、学校に任せるのではなく“学校や先生を支える”形で連携を図ることを大切にしています。

**3）若者ケアラー支援**

18歳から概ね30歳代までを若者ケアラーと呼び、若者ケアラー支援も行っています。

特に、進学や就職とケアの両立の部分で悩むケアラーはとても多いです。キャリア支援で関わっていくとともに、必要に応じてコーディネーターが関係機関との調整を図っています。

## 6．おわりに

家族のケアをしていること自体が何か悪いわけではありません。家族を思っている気持ちもケアしてきた経験も、とても大切なものです。ただ、子どもの負担が過度になり選択肢が狭まっているのだとしたら、大人が手を差し伸べる必要があるのではないでしょうか。

すべてのヤングケアラーが自分らしく生きられる世界になるように。

（一般社団法人ヤングケアラー協会 事務局長）

第12章

# 事例検討会と役割分担 ①那須塩原市の事例

■ 仲田海人・柴田直也 ■

## 1．那須塩原市でケアラー支援が動き出した経緯

栃木県那須塩原市は地域ネットワーク作りが盛んな地域です。医療福祉関係者や市民らで組織する「にしなすケアネット」もその地域で活動しています。主に地域課題を共有し、必要に応じて具体的な活動を企画しています。その企画の一つとして2021年1月に「きょうだい・ヤングケアラー」をテーマに、当事者として仲田海人氏から実体験や想いを話してもらいました。話の後に、グループワークをした時に参加者から出た意見としては、「親やきょうだいの世話を家族がすることは当たり前と思っていたし、そういった社会通念がある」「近所の関係が希薄になり、地域では気づきにくくなっていたり、当事者も現状を話したりすることが難しくなっているのかも」「相談を受けてもどこにつなげば良いか分からない」「複合的な課題を抱える家族は情報を得る手段に乏しかったり、現状をオープンにして助けを求めることが出来ずに孤立することが多い」などが挙がりました。

その上で出来ることとして「地域の多くの人にヤングケアラーの実態を知ってもらい認識を変える必要がある」「同世代で集まれる会があると良い。息抜きできる場をつくることも支援となる」「相談先を誰にでも分かるようにし、ヤングのうちから関われる体制をつくることが重要」「今回の学びだけで終わりにせず、みんなで話し合い実践していく場が必要」という意見が挙がりました。そういった意見を基に課題を共有し、具体的な活動を起こしていくことを目的とした「那須塩原市ヤングケアラー協議会」（令和5年4月からは那須塩原市ケアラー協議会に改称）が発足しました。

ケアネットから派生した取り組みには、ひきこもり・不登校支援の会や医療的ケアの啓発・理解の活動などが既に動いており、ケアラー協議会を発足させると周知したところ、医療福祉教育や県・市の福祉部局、主任児童委員、市議会議員、新聞社記者など多様なメンバーが参加してくれました。関心がある人なら誰でも、オンラインでの参加も可能なため、県内外問わず多くの

人たちと話し合うことができています。

## 2．那須塩原ケアラー協議会の取り組みについて

那須塩原市ケアラー協議会は月１回開催しています。メンバーで話し合い、大きく二つの目的を持って活動をしています。一つ目は啓発活動で、まずは子どもたち、教員を対象に進めていくこととし、メンバーに中学校のPTA会長・副会長が参加されて、そこからのアプローチにより「PTA主催のキャリア講習会」を実施しました。この講習会では、ケアをしていることを悪いことだと思ってほしくないことを意図して「あなたの夢は何か？どのような状況になっても選択肢はある」というメッセージを軸にケアラー当事者が自身の経験を基に頼れる先があることなどを話しながら生徒と意見交換をしました。これを皮切りに、啓発を実施した中学校長が校長会で情報共有し、メンバーが市内小中学校を回り啓発の機会を設けられるか相談に行ったりして啓発活動が広まっていきました。活動を地元の新聞に取り上げてもらうことでさらに多くの方、特に関心が薄い人たちへの啓発につながりました。その後、新聞記事を見た高校の教員からも連絡が入り、毎年の講演会へとつながっているケースもあります。学校で話をする際には生徒や教員に感想を書いてもらい、そこからある程度の現状を把握することもしています。学校で話をする機会をもらう時は人権教育の時間に組み込むことが多いようです。この時間は差別問題などを扱っている枠ですので、話をする際に生徒側の心持ちが重くなりやすくなっていることを懸念しています。全体的にネガティブな印象を受けないような工夫が求められていると感じています。

学校への啓発だけではなく、民生委員・児童委員、保護司会、母子父子自立支援員、人権擁護委員、自治会長などが集う会合など、子どもに関わる多くの方に向けても啓発活動を継続しています。子どもやその家族の状況に気づく人が増えることで早期の関わりが可能になってきます。

二つ目は相談支援サポート体制の強化です。協議会の場でヤングケアラーの事例検討を行い（個人が特定できないように連結不可能な匿名化をしています)、子どもや家族の状況からどのような関わり、サポートができるか意見交換したり地域の活用できる制度や活動を学んだりしています。実際にどのような家庭への関わりが必要なのか、本人や家庭をサポートするためにはどのような機関、人が連携していくのかなどの対応例を積み重ねていくことで事前にイメージがつき、実際の対応時にも活かすことができます。メンバーには地域の医療福祉教育関係の専門家が子どもの居場所やフリースクールなど民間の資源もあります。そのため、補えない子どもや家庭の困り感のある状況に対して、こんな活動・仕組みがあったら良いなというものは実現化できました。例えば、全世代向けに無料通信アプリLINEを使った「ケアラーLINE相談」を協議会のメンバー５名で立ち上げたり、当事者たちが集う「ヤング＆若者ケアラーズサロン」を月１回開催しています。那須塩原市には元々既存のケアラーズカフェが５カ所ありましたが、いずれも平日開所だったため、学齢期の子どもは来れませんでした。現在は比較的来やすい曜日として日曜開催としています。

ケアラー協議会を継続している中で波及効果があったと思われることとしては、栃木県のケアラー支援推進協議会のメンバーにケアラー協議会推薦で委員を輩出できたこと、那須塩原市役所の庁内関係部局とケアラー協議会のLINE相談管理者で構成される市ケアラー支援連携会議を発足し官民協働でサポート体制を検討していること、栃木県議会が提案し施行された栃木県ケアラー支援条例（2023年４月）制定に向けた連携などがあります。いずれにしても一過性のムーブメントにはしたくない想いが強くあるので、今後も栃木県内のネットワーク強化を意識しながら働きかけを続けたいと考えています。

（担当筆頭者：社会福祉法人　那須塩原市社会福祉協議会　柴田直也）

## ３．那須塩原市での啓発活動とその後

那須塩原市ヤングケアラー協議会は、一年間で中学校での啓発活動を計３

箇所（西那須野中学校、三島中学校、箒根中学校）と高校を１箇所（黒磯南高校）で実施しました。全ての学校で子どもたちと先生たち双方に内容をわけて啓発活動を行いました。

子どもたちには、同じ地域で生まれ育った協議会のメンバーの仲田がヤングケアラーの状況であったが故に自分の10代の頃の夢を諦めざるを得なかった実体験を基に話をしました。しかし、ここで「ヤングケアラーはかわいそう」というようなパターナリズムな考え方を子どもたちや学校の現場の先生に持って欲しくなかったため「夢」という視点で話を展開しました。はじめて西那須野中学校で啓発を行った際には「キャリア」という視点を盛り込むことも求められていましたので、「失敗や状況によって一度夢を諦めても大人になって自分の意思次第で何度でも夢には挑戦できる。私自身も工学部に行ってロボットを作りたいという夢を当時は断念したけれども、家族のために作業療法士を志し、実際に働き始めた後に国の介護ロボット開発事業に作業療法士として参加した。これは、ロボットを作りたいという私の想いを諦めずに口に出していたからこその縁だった」というような実際の経験談を話しました。

子どもたちは、部活や勉学を通して失敗や挫折を経験します。現代の社会ではケアラーの背景に限らずに失敗することに寛容ではないと感じています。失敗を通して学んだことや、挫折したことによって痛みや悲しみが理解でき、同じような境遇にいる他者への共感性という財産も得られるのです。失敗を失敗で終わらせないためにも次に活きる方法を周囲の大人は見出だせるよう子どもたちに関わっていくことが大切になってきます。だからこそ「最後は誰かに言われたからではなく、自分で決めること」「悩みは家族以外の信頼できる大人に話してもいい」という内容を強調しました。

実際に啓発に行って驚いたことは、実際に泣きながら私の話を聞いている子どもがいたこと（実際のヤングケアラーと思われる）、子どもたちに行ったアンケート（自由記述）の過半数に「私も勉強や生活の悩みを先生や大人に話そうと思いました」「大人に悩みを話していいんだと思えました」というような内容が書かれたことでした。身近な地域で生活している現代の中学生・高校生がこんなにもケアに限らず悩みを大人に言えない生活をしていたのかと衝撃が走りました。また、質疑応答では「仲田さんはケアをしていてお姉さんに感謝されましたか？」という質問もありました。私は「自分がそ

うすると決めたことだから、見返りを求めてやっていなかったので感謝されたかどうかは大切だとは思っていません。お姉ちゃんや親が辛い状況から抜け出して笑ってくれることが私は嬉しかったです」と答えました。自分の決断や行為に見返りを求めてしまうことはどうしても心に浮かびますが、それに頼ってしまうと自分自身の心を蝕むリスクがあるのでこういった回答をしました。他にも「私は友達としてヤングケアラーの人にどう関われればいいですか？」と真っ直ぐな質問もありました。それに対しては「ヤングケアラーだからと言ってあなたは友達を止めてしまいますか？違うでしょう。もし家庭の事情を知ったとして、特別なことをして欲しいというより今まで通り友達でいるだけで十分です」と伝えました。昨今、学校現場での啓発は日本全体で流行りになりつつありますが、ヤングケアラーをきっかけに子ども同士の支え合いを強化することには注意する必要があると私は考えています。時間をかけて子どもやその家庭と伴走をする必要がある訳ですから、周囲の大人の考え方や関わりを強化していくことから手をつけていくことが好ましいと思います。

学校の先生たちには、国の調査結果の数字を踏まえた上で、さらに踏み込んだ内容を発信しています。実際のヤングケアラーの状況にある子どもに関わる際には、あえて「ヤングケアラー 」という言葉を使う必要がないこと、よかれと思って「偉いね」「大変だね」などの大人の価値基準を押し付ける行為は避けることを強調して伝えています。そのような声かけをしたとして、ケアラーの置かれている状況やその人の性格によっては嬉しいという感情を抱くこともありますが、「私は好きでやっているわけじゃないのに」「他人事だ」などと大人への不信感を強めることも起こりうるのです。また、ケアを褒める行為そのものはケアを家族の中に抱えさせることを強化（その現象を強めること）にもつながるため注意が必要です。実際に貧困家庭を支援する時に「あなたは貧困だから力になりたい」とは言いません。カテゴライズして関わりをすることは当事者にとってネガティブな印象を植えつけてしまうことに繋がるので、子どもの心理状況を適切に理解していない段階では避ける必要があります。

先生たちからは「自分のクラスにヤングケアラーの子どもがいます。どのように地域と連携していけばいいですか？」と質問がありました。現在は、スクールカウンセラー（SC)、スクールソーシャルワーカー（SSW）がいますが、この質問は、児童生徒を把握している担任の先生が子どもの困難に気づいても地域と連携するプロセスの経験が現状は十分でないと感じました。令和４年７月・８月の期間で栃木県で行った実態調査[1)]でも、現場の先生はヤングケアラーの存在を現場が認知できない理由として、①家族内のことで問題が表に出にくく、実態の把握が難しい（小学校81.5%、中学校89.7%、高校88.9%という回答率)、②ヤングケアラーである子ども自身やその家族が「ヤングケアラー」という問題を認識していない（小学校33.3%、中学校37.9%、高校55.6%)、③不登校やいじめなどに比べて緊急度が高くないため「ヤングケアラー」に関する実態の把握が後回しになる（小学校22.2%、中学校24.1%、高校16.7%)、④学校において「ヤングケアラー」の概念や支援対象としての認識が不足している（小学校25.9%、中学校13.8%、高校16.7%）という結果（回答率）になっており、特に③からは、子どもの置かれた状況の緊急度や現場のマンパワーの中では優先度がヤングケアラーは下がってしまうリスクも考えられました。そのため教育現場からの支援事例が積み上がりにくい実態のあると考えられました。

このような現状を、那須塩原市では市とのケアラー支援連携会議で行政と一緒に協議させていただき、相談から支援のプロセス形成に向けて「家族丸ごと支援」というフレーズで地域体制づくりに動き出しています。

また、栃木県内・外の教育委員会の人権担当や市町村の民生委員・児童委員主任委員からの啓発依頼は増えてきています。確かにヤングケアラーの問題は「子どもの権利」と並べて語られることも多いため、その権利が担保できていない状況を「権利が侵害されている」と捉える視点があるかもしれません。しかし、ヤングケアラーの状況は非常に多様であり客観的な状況と子ども自身の主観的な感覚は必ずしもリンクしません。そのため「人権問題＝どうにかしなければいけない課題＝ヤングケアラー全体＝かわいそう」と安易に考えてはいけないのです。大切なのは、ヤングケアラーの状況にある子どもたちが具体的にどう困っていて、今の状況が今後の人生にどう影響するか、当事者と大人が一緒に考えて行くことだと思います。

## 4．ケアラーLINE相談の実際

昨今、「SNSを使えば簡単に相談できて、若者のライフスタイルに合っている」と考え、SNSに注目が集まっています。事実、国が補助金を出し推進していることもあり、SNS相談を始める自治体も増えています。しかし、実際はどうでしょうか。那須塩原市ケアラー協議会では５名のメンバーで公式LINEの運営をしていましたが、皆ボランティアで行っています。その中でも相談は非常に少なく、期待している子どもからの相談よりも大人からの相談が中心でした。世代によってSNSの活用は多様で、LINEなどの単独のツールでは必要な層にリーチすることは難しいと言えます。また、ケアラーLINE相談に数件きた子どもからの連絡も、相談と言うよりも何気ない日常のやりとりが中心でした。SNSは匿名で運用することが前提になるため、互いに顔や名前がわからない中のやりとりになります。こちらが名前や顔を開示したとしても相談者がどこまで開示するかは自由です。そのため、「接点は持ちやすいけれども、踏み込んだ会話になりにくい」ことがSNSの弱点でもあると言えるでしょう。だからこそ、SNSという一見万能と思えるツールを真っ先に使うのではなく、子どもを取り巻く地域社会づくりをしていく方が大切なのです。１人や数人では地域での取り組みはできません。そのため、地域での理解者や活動するキーマンを増やしていくためにも啓発を継続し、協議会による地域の共同体作りが大切になってくるのです。

令和４年に実施された上記の同調査[1)]では、子どもたち自身が自分自身のことやケアに関する相談の方法を①直接会って（68.3%）②電話（24.3%）③電子メール（11.9%）④SNS（3.7%）という回答をしています。子どもたちの実態に自治体現状の方針が見合っていないことがここからわかると思います。

もちろん、広報戦略を持って計画的かつ実践的にSNSを運用し、支援を届けたい層にリーチするためには、ノウハウのある民間と協働して行うことが非常に可能性があると言えます。

## 5．シンポジウムの実施

那須塩原市ケアラー協議会では、令和５年３月18日に「ヤングケアラー再考」というシンポジウムを実施しました。

何故、このタイミングでこのテーマを実施したかと言うと、ヤングケアラーの状況が非常に多様であること、子どもに限らず家族全体にケアラーが存在すること、関わりや支援にマニュアルやわかりやすい答えは存在しないことを改めて問題提起するために行いました。

登壇者にはファシリテーターに那須塩原市社会福祉協議会の柴田直也さん、登壇者にきょうだい会Not alone〜ひとりじゃない〜代表の相馬朋恵さん（きょうだいの立場でピアサポート実践者）、一般社団法人わんだふるライフ代表の岸友和さん（ケアマネージャー）、国際医療福祉大学病院の小林岳さん（作業療法士として発達支援のお子さんとその家族に関わっている）、栃木県教育委員会の齋藤久美子さん（スクールソーシャルワーカーで鹿沼市で「ケアラープロジェクト　夜明け」代表）と、さいとうクリニック発達外来の仲田海人（作業療法士としても地域の医療福祉事業者に勤めている元ヤングケアラー）のメンバーで、濱島淑恵先生の著書の事例を参考にシンポジウムを実施しました。

シンポジウムには当事者を含む地域の多様な方々が参加されました。さらに、会場とオンラインとのハイブリッド形式で開催したため、地域や立場を

超えた方々に参加していただくことができ、「ヤングケアラー」についてヤングに限らないことや地域社会の一時のブームで終わらせないことを訴えることができました。今後も、官民が連携し、専門家から地域の一般の方に至るまで、那須塩原市ケアラー協議会のメンバーと話し合いながら、啓発活動と支援体制づくりに励んで行きたいと思っています。

（編著者代表：栃木県ケアラー支援推進協議会委員　とちぎきょうだい会運営　一般社団法人Roots4理事　仲田海人）

**文献**

1）栃木県ヤングケアラー実態調査報告書
https://www.pref.tochigi.lg.jp/e06/young_carer_result2.html

# 第3部

# ヤングケアラーを知ってもらう

# 第13章 日本特有の課題

■ 仲田海人 ■

## 1．調査が示した日本の実態

日本は少子高齢化社会により人口も減少の一途を辿っています。人口ピラミッドもかつてはつりがね型と言われていましたが、団塊の世代以降、出生数の伸びはなくもはやつぼ形に移行していると言えるのではないでしょうか。このように子どもの数は減っている状況で、さらに何故子どもの負担が増えているのでしょうか。

厚生労働省が令和２年度に報告されたヤングケアラーに関する実態調査[1)]では、中学２年生・高校２年生の家庭構造で最も多いのは核家族で、中学２年生で70.1%、高校２年生で61.6%、次に多かったのはひとり親家庭で、中学２年生で14.6%、高校２年生で18.7%であることがわかりました。

男女共同参画社会、男性も女性も社会参加し、働き手になることが求められる現在の社会で、祖父母の協力が得られ、お母さんは専業主婦でというような所謂これまでの家族像が崩れていることがわかります（祖父母と同居の世帯は中学２年生で12.8%、高校２年生で15.81%と３位に位置します）。また、最も多かったケアの対象は「きょうだい」でした。中学２年生で61.8%、高校２年生で44.3%（ケアをしているとこ回答した人のうち）「きょうだい」のケアの内訳は「幼い」が中学２年生で73.1%、高校２年生で70.1%、「障害を抱えている」場合は中学２年生で25.4%、高校２年生で16.91%という結果でした。ケアをきょうだいに焦点化しただけでも様々な背景が同時に存在することがわかります。

「幼い」が理由の背景としては社会構造の変化があると考えられます。家庭は社会の最も小さな単位ですから、社会全体のしわ寄せは家庭に直結します。家庭の経済的基盤は親が担う必要があり、ひとり親家庭や共働きが増えることによって就労により大人の帰宅時間が遅くなる分、家事や育児を時に子どもが代替して担わなければ、家庭が回らないという実態も浮き彫りになっているのだと思います。私の住んでいた地域でも、学童保育にお兄ちゃんお姉ちゃんが実質迎えに来なければならない、部活動を辞めてきょうだいの世話をしなければならないという事情の家庭もあると聞いたことがあります。

その反面、社会全体として子どもへの教育や高等教育へのニーズは高まっており、教育やキャリアを要求される時代でもあります。こうした社会の成り行きはヤングケアラーを逼迫させて行きます。社会から子どもに要求される役割が増えている時代だからこその課題と言えるのではないでしょうか。

## 2.「ヤングケアラー」という言葉の認知度の高まりによって日本で起こっていること

厚生労働省による実態調査報告[1)]が公開された後、厚生労働省ではヤングケアラーの支援に向けた福祉・介護・医療・教育の連携プロジェクトチームが動き始めました。全国規模でマスメディアでの広報も増え、行政機関でも注目が集まり始め、自治体独自に調査を実施し、条例や支援策を予算化する自治体も出てきました。

国が動き始める以前には、日本ケアラー連盟をはじめ、研究者、法人や任意団体が全国各地でヤングケアラーやケアラーのピアサポートグループの運営や地域啓発活動を行っていた歴史があります。

ケアラーそのものの解釈は非常に広いものであることから、はじめメディアでは従来の「介護」をイメージさせるような事例を多く扱っていました。「こどもたちがケアによる苦しい状況から抜け出せず、将来が不安だ」というストーリーが中心で、社会には「ヤングケアラーはかわいそうだ。助け出さなければ」という認識が広まってきた経緯があります。

しかし、一部のケアラーの中には「自分がかわいそうな人とみられたくない」「好きでやっているんだ」という感情があったのも事実で、それを受けて国も「家族を支えているヤングケアラーはかっこいい。でも一人で頑張らないで、誰かを頼っていい」というキャンペーンをはじめました。

ヤングケアラーという言葉に限らず、こういった用語の社会的認知が高まることは同時に偏見の発生を伴います。誰もが一つの価値観に縛られずに常に新たな認識に触れ、認識を更新していければ良いのですが、必ずしも全ての人がそうであるとは言えません。子どもたち一人ひとりの気持ちや、多様な受け止め方を大人は受け止める必要があります。

徐々にメディアだけでなく、地域で「お手伝いはケアなのか？」「自営業の仕事を手伝うのはケアなのか？」「両親が家計を支えるために働きに出ていてその間、幼い子どもをみているのはケアなのか？」と議論されてきているのが現状です。

それを決めるのは大人なのでしょうか。子どもの気持ちはどこの誰が聞き取られ、受け止められるのでしょうか。たとえ、周囲の大人や親が「当たり前」と考えていても、子どもが「もっと他の事に時間を費やしたい」とするのであれば耳を傾ける必要があるのでは無いでしょうか。

言葉の定義に関する法整備は未実施な状況であるため、ヤングケアラーの言葉の定義だけでなく、きょうだい児、若者ケアラー、ビジネスケアラーなど、様々な派生語が生まれている現状です。これは、各論として様々な切り口でケアラーを啓発し続けてきた結果かもしれませんが、最終的には制度設計にケアラー全体を包括的にサポートできる複合的な視点が求められてくるでしょう。そのため、ヤングケアラー支援の現在地としては、啓発と同時に社会で合意形成を図りながら支援制度を検討している段階、ちょうど合意形成の過渡期にあると言えます。

こうした社会認識が進んでいく中で、エネルギッシュに発信できる人もいれば、取材に応じて自己開示をしてきた事により疲弊してしまうケアラーもいます。そのため、声の大きい人の主張がケアラー当事者の実情を反映しているか否かは改めて深く考察をして行く必要があるのです。

## 3．子どもの権利とヤングケアラーの親和性

「こどもの権利条約」が1989年に国連で採択され、日本はそれに批准しました。そこで主張されている「生きる権利」「育つ権利」「守られる権利」「参加する権利」などはヤングケアラーのおかれる状況に親和性が高いことから、同時に語られることがあります。

特に、ここでは「育つ権利」「参加する権利」の２点に注目します。まず「育つ権利」ですが、「勉強して遊んだりして、持って生まれた能力を十分に成長できる」という点で、子どもを取り巻く日本の社会では、遊ぶことそのものが減少していると言えるのではないでしょうか。「経験の貧困」とう言葉が出てきているように、ヤングケアラーの状況に限らず、親が仕事を終え、帰宅するまでの間の安心安全の環境を求めた結果、保護者の目が届かない範囲の冒険的な遊びは減少していると言えます。小学生の学童保育ひとつとっても、少子化の流れに逆い、入所児童数は年々増加しており[2)]、地域によっては待機学童問題も出てきています。その形も需要に合わせて学校の敷地内

に移動のリスクが少ない公設学童を設立したり、放課後の教室を使って放課後子供教室を実施する流れもあり、多様化している現状です。

「参加する権利」については、自由に意見を表明したり、団体を作ったりできることを指します。この権利をわざわざ掲げた理由は、自由に意見を言えないという状況が存在することに対して懸念を示すためでしょう。国の行った実態調査[1)]でも「ケアについて相談したことがない理由」について最も多かったのが「誰かに相談するほどの悩みではない」と回答したのが中学2年生で74.5%、高校2年生で65.0%、2番目に多かったのが「相談しても状況が変わると思わない」と回答したのが中学2年生で24.1%、高校2年生で22.8%となっていました。「意見をしてもしょうがない」という子どもの置かれている状況というのがわかると思います。だからこそ、子どもと子どもを取り巻く家庭、社会の変化が必要になってくると言えるのです。

## 4.「障害」を理由にケアをする状況に起こる日本の制度の抜け穴

この本ではヤングケアラーのうち、医療・福祉制度の中の障害を理由とする場合に焦点を当てています。では、何故この分野でヤングケアラー・ケアラーの課題が出てきているのでしょうか。それは、支援制度の抜け穴にあります。当事者を支援する上で、専門職教育の中ではジェノグラムという家族関係図を作成し、「キーパーソン」として頼りになる家族にできるだけケアを求める文化がありました。それは「家族であること」の気持ちの面もありますが、「キーパーソン」として期待される背景には家族がケアをする場合は無償であるため経済的な思惑も背景もあると言えます。

すると、体調のコントロール、服薬管理、相談、セルフケアやADL（日常生活活動）などの身体介護、家事代替などを家族が担うことになります。それがたとえ子どもであってもです。日中の通所先は福祉制度の枠組みで補えますが、朝晩や週末は家族がケアを担うことになります。地域によってはサービスが十分にない場合もあります。特に入所施設やグループホームは地域差が顕著で希望しても空きがないという状況が地方では存在しています。結果、家族がSOSを求めても既存の支援サービスでは家族のケアを代替できないという状況に陥るのです。

現在はジェノグラムの視点も一部見直されつつあり、エコマップが普及しつつあります。エコマップとは、従来のようにケアを家族で完結させずにフォーマルな社会制度（医療保険・障害福祉制制度・介護保険など既存制度）だけではなく、インフォーマルな社会資源（地域のつながり、民生委員、民間サービス）なども盛り込むことで家族任せにしない地域ぐるみの支援意識が求められています。支援者はこうした視点に立って初めて「家族に求めすぎていたこと」に気づき、新たな事業展開への企図も形成されて行きます。ヤングケアラー支援をきっかけにして子どもを取り巻く関係職種が互いの問題意識を共有して行くことで「無いなら作りましょう」という民間活動を今後活性化させていく必要があります。

医療保険制度は訪問診療や訪問看護以外、基本的には「来てもらうこと」が前提になります。医療だからできる検査や診療も多々ありますが、その後の日常生活を見守っていくには福祉機関や地域社会との連携が非常に重要になってくるでしょう。2022年度診療報酬改定では「家族に対する介助や介護等を日常的に行っている児童」などを加算の要件として追加し、入退院にヤングケアラーを踏まえて家庭状況をアセスメントをすることが、オンラインを積極的に活用することと共に診療報酬の中に盛り込まれ加算されました。しかし、ヤングケアラーにまで関心を寄せて、連携機関として学校へ積極的に関わり、実際の支援ができるか否かは、その現場の支援者の意識に左右されるでしょう。これからは、アセスメントのその先の伴走をどのようにするかが大切になります。

また、外来診療にはこ診療報酬が認められないため、今後の診療報酬拡大を期待するとともに、まず入退院のケースから行うのが現行制度に則った取り組みであると言えます。

本書ではそうした医療と福祉・学校との連携の在り方について、実践的事例も踏まえて言及していますので参考にしつつ、各地で医療・福祉・教育の連携を実践していただけたらと思います。

**参考文献**

1）令和２年度 子ども・子育て支援推進調査研究事業　ヤングケアラーの実態に関する調査研究　報告書　https://www.murc.jp/wp-content/uploads/2021/04/koukai_210412_7.pdf

2）2022年度放課後児童クラブ実態調査
http://www２s.biglobe.ne.jp/~Gakudou/pdf/pressrelease20211223.R1.pdf

（栃木県ケアラー支援推進協議会委員　とちぎきょうだい会運営　一般社団法人Roots4理事）

コラム

# 6

## ストレスについて

ヤングケアラーは大変デリケートな問題です。本人が困っているという認識がなかったり、当然のことをしているだけと考えていたりすることがあるからです。また、子どもは親の役に立っているということで、達成感を感じているかもしれません

発達途上の子どもに関する全米科学評議会（National Scientific Council on the Developing Child）によると、子どものストレスには三つのレベルがあるとされています。

1．適度なストレス：成長し、挑戦し、高いレベルの活動をするきっかけになる
2．許容可能なストレス：比較的短い期間に生じ、抵抗力をつけることにもなる（大人の協力が不可欠。子どもは課題対処後、回復する時間が必要）
3．有害なストレス：支援のない状況でストレスが長期にわたって頻繁にかかる状況

これをもとに、ヤングケアラー支援のポイントを考えてみましょう。例えば妹や弟の世話が大変だけど、小学生になったら負担が減るというように、①いつまでこの状況が続くのか見通しが立つ場合。もしくは、②心身ともに辛くなった時、周囲の大人にSOSを発信でき、大人も助けてくれる場合。また、③家族の世話をすることから離れて、子どもらしく自由な時間が持て、元気を回復できる場合などは、許容可能なストレスになります。

この三つの点が支援のポイントになるといえるでしょう。

ストレスを感じると避ける・攻撃するという反応が出やすくなりますので、これまで行っていた活動に参加しなくなったり、怒りやすくなったりといったサインを見逃さないことが大切です。さらにストレスが増すと「固まる」、つまり言葉も発せず、身動きもできず、冷静な判断ができずに、フリーズしてしまうこともあります。あるいは、ストレスから逃れるためにゲームなどに依存する場合もあるので注意しましょう。

高山恵子

# 第13章 日本特有の難しさ

■ 高山恵子 ■

筆者は約25年間、ADHDを中心とした発達障害の支援団体の代表として活動しています。はじめたころは、日本にADHDの情報や理解はほとんどなく、ADHDの承認薬もなく、ゼロからのスタートという感覚でした。その中で、新しい概念を日本に導入する難しさを何度も体験してきました。日本的なスティグマもあり、発達障害のその理解と支援のもとになる情報を日本全国津々浦々、家族、学校、職場、社会、それに何より当事者に正確に届けることが重要なのに、それができない歯がゆさを痛感しました。

今、ヤングケアラーの社会的な認知が徐々に進んできていますが、その支援の難しさも明らかになってきています。それらADHDの理解・啓発の困難さにいろいろと類似するところがあります。たとえば、以下のような点があげられます。

**発達障害・ヤングケアラーの理解と支援に関して共通する日本での課題は…**

・新しい概念を受け入れる柔軟性が不足
・「人と違う」ことに対して本人や家族の拒否感が強い。
・同じでないことは、いじめにつながることがある
・学校や地域で「違いを認め、尊重しあう」土壌がないとか
・学校や社会で違いを認め、尊重しあうための実践的な人権教育が不十分で形骸化しやすい
・支援者間の知識、実践的な支援に格差があり、その格差は小さくならず大きくなることがある
・啓発活動だけが進み、カミングアウトした当事者や家族が傷つくことがある
・行政の職員は転勤が多く、熱心に事業を進めて来た人が異動してしまうと、形だけは継続しつつも質が落ちることがある
・管轄の関係省庁が違うため、多職種連携が取りにくい。
・他職種との連携が必要なとき、これまであまり連携してこなかったため、

考え方や価値観が違い、ケース会議に時間がかかり結論がなかなか出ない
・特に学校機関は外部との連携が難しく、家庭同様、内部で問題解決したいという思いが強く、必要な支援が遅れることがある

さらに発達障害支援のこれまでの経験から、今後ヤングケアラー支援で懸念されるのは、国の予算等がついている期間は都道府県の行政も積極的に啓発や支援を実施しますが、予算がつかなくなった途端、都道府県、特に市町村での継続や実施が難しくなるという問題です。ですから「国のヤングケアラー関連特別予算」がなくなってしまったときも継続可能なすでに以前からある施策の中で「支援を継続する工夫」が必要な場合があります。

ヤングケアラーを継続して支援するためにも、すでにある「家族支援」にヤングケアラー支援の視点を入れることは有効と思われますので、日本の家族支援に関してここではお話したいと思います。

## 1．家族支援の重要性と日本の家族の特徴

これまで、私が特に重要だと考えてきたのは、発達障害当事者のご家族、特に親御さんの支援です。それは、当事者である子どもに一番影響があるのは、やはり親だからです。子どもを支えるためには、まず親を支えることが大切です。何より、親子関係がうまくいっているご家庭は、子どもの発達障害の程度が重くても、QOLがよくなる事例をいくつも体験してきました。

ヤングケアラーにも、同様のことがいえると思います。どうしても子ども支援の専門家が中心になるため、家族の支援が十分でないことが多いように思われますが、ヤングケアラーだけに着目するのではなく、家族トータルで支援することで相乗効果が期待できます。

私は発達障害支援の中で、日本の家族の特徴に配慮した親支援の必要性を痛感し、日本の文化に合わせたストレスマネジメン講座を提供しています。その体験から、ヤングケアラーにも関連する日本の家族支援に特徴的なポイントを述べます。

### 1）「親から子」への結びつきが強い

親支援講座を提供した際のアンケートで、保護者から「罪悪感を持つことなく休憩していいといわれても、できない」といった感想を頂くことがよく

あります。このように日本の、特にお母さん方は「私がこの子を育てなければならない！」という責任感や規範意識が強く、それができない場合、自分や他人（特に子ども）を責めてしまうリスクがあります。ヤングケアラーのご家庭でも、本来親がやるべきことを子どもにやらせてしまっている、親の役目を果たせていないと大きなストレスや葛藤を抱えて鬱っぽくなることがあり、支援が必要です。

**2）「子から親」への結びつきが強い**

逆に、子が親を大切にするのも日本の家庭の特徴です。西洋化が進んだとはいえ、やはり儒教の影響があるようです。このため、親の世話をするのは子の当然の義務であり、美徳であるという感覚が根強く残っているように思われます。

親のために何かをやり、役に立っているという感覚は、自己肯定感を高める場合もあります。ただ、そうしなければならないという価値観に縛られ、過剰適応になる場合もあるでしょう。また、親も「子どもが家族の世話をするのは当然」という考えを持ち、感謝の言葉もなく、子どもは達成感を感じられずに疲弊することもあります。

**3）横ならび意識が強い（世間の目）**

世間の目を気にするというのも日本の家族の大きな特徴です。個人も家族も「他と違う」ことを嫌う傾向にあります。障害がある場合、アメリカ人は特別な支援を受ける権利があると考えますが、日本では「他の子と違う扱いは嫌だ」と考える傾向が強いため、外部にSOSを求めたり、特別な支援を受けることが難しくなることがあります。

ヤングケアラーも同様の面があります。Bolasら（2007）によれば、ヤングケアラーは自身に向けられるであろうスティグマを避けるために、公的なサポートから得られる利益を放棄することがあると報告されています。

**4）世代間での考え方の格差**

特に多世代同居のご家庭内では、家族で意見が合わないということがよく起こります。大きく変化している社会状況を前提とする親世代と、一昔前に子育てをした祖父母世代で価値観が対立したり、祖父母の意見に反論できないというお悩みもあります。この悩みは地方格差もありますが、親世代が葛藤を抱え、ストレスで苦しむ原因になります。子どもが祖父母の世話をすることもあるヤングケアラーでも大切な視点と思われます。

### ５）家族のことは家族で（沈黙は金）

日本の家庭では、家族の問題は家族内で解決したい、外に持ち出したくないという傾向があり、家庭のことは外で話してはいけないと親から言われている子もいます。欧米と比べて、自己開示をするトレーニングや機会が少ないこともその要因でしょう。その結果、専門家にSOSを求めたり、外部の人を家庭内の問題に入れることへの拒否感につながりやすくなります。第一生命経済研究所（2015）の調査では、介護の外部サービス利用に関する不安内容を尋ねており、「外部の人が家に入ることに抵抗感」を選択した人が3割に達したそうです。

## ２．日本特有の状況を加味した支援

これらの家族の特徴を踏まえて、私が親支援講座などで大切にしているポイントを簡単にお伝えします。

### １）価値観を緩める

変えられることと、変えられないことがあります。変えられることはこの本に色々書かれていますので、外部の仕組みを利用するなどしてぜひ変えていってください。ただ、すぐには変えられないことも人生には多々あります。今この瞬間もそうです。その今この瞬間を、「こうでなければならない」「それができない私はダメだ」と自責、他責で過ごすのか、それとも「考えても変わらないことは考えない」という方針で、楽しく、できることを頑張ろうという気持ちで過ごすのか。価値観を緩め、後者のようにマインドフルネスに過ごすことで、ストレス度合いがかなり変わります。これが、親子関係の改善にもつながります。

### ２）感謝する

奥山（2021）によれば、子どもが親に情緒的なケアを与えることが問題なのではなく、相互の互酬性の乏しさが当事者の困難や負担と関連することが示唆されました。つまり、ヤングケアラーにとって「親をケアすること」よりも、「親にケアされないこと」の方が負担に関連しやすいということです。

そのため、物理的にヤングケアラーのケアの時間を減らすことも大切ですが、親から子どもへの「ありがとう」や、親子の情緒的な交流など、「家族からもケアされる」ことが非常に重要になります。これにより、子どもの心の安定につながり、達成感も得られやすくなります。この視点での支援も選択肢の１つに入れるとよいでしょう。

実際、筆者も大学時代に母が癌で入退院を繰り返す中、家事と家業の手伝いのため、余暇がなく、学業の時間も十分でない若者ケアラーでした。その後長男の嫁である母が他界し、祖母の介護もしました。しかし、私はADHDであった自分をいつもかばってくれた祖母への恩返しという感覚で、肉体的には大変でしたが、嫌な気分はあまりありませんでした。祖母は覚醒が悪い私を朝起こす私のサポーターでもあり、お互いに感謝し温かい心の交流がありました。

**3）セルフケア（特にストレスマネジメント）**

発達障害の親支援講座では必ず、ストレスマネジメントの話をします。そして親御さんに、「人に預けたりして、子どものことを考えない時間をつくっていいですよ」「リラックスして休んでくださいね」などとお伝えしています。親のセルフケアに焦点を置き、まず親がストレスを軽減することにより、２で述べた情緒的な関わりや、感謝や労いの気持ちを自然と表現できるようになることが期待されます。ヤングケアラーの親にももちろん大切なことですし、子どもにとっては定期的に子どもらしく居られる時間や場所の提供ということになるでしょう。

**4）価値観を通訳する**

これは特に支援者にとって大切な点です。支援者として家族の間に入り、親子や祖父母など、お互いの思いを傾聴し、通訳者として調整していくことは大切な役目です。その際、外部からの支援を拒否したいという気持ちがあることを理解し、色々な葛藤やストレスに寄り添いましょう。

**5）自己開示の練習**

これまで述べてきたことを実行するためにも、子どもが自分の思いを家族に伝えられるスキルや、伝えてもいいと思える親子関係があることが理想です。日本人は苦手意識を持つ人が多いですが、自己開示がその基本となります。筆者と祖母の間にも、何でも話せる関係性があり、自己開示できていたことがよかったと思います。自己開示のスキルの向上、また親子関係の向上のために、39ページで紹介しているちょこっとチャットを家族でやることもおすすめします。

## 3．さいごに

私が発達障害の講演などでいつもお伝えしているのは、「障害＝差し障りがあって害がある」というマイナスの視点ではなく、「条件が合えば才能になる」というプラスの視点です。ヤングケアラーも同様に、肯定的な側面にぜひ注目したいものです。ここまで取り上げたようなポイントを抑えていけば、家族と絆の深まり、人の役に立っていることへの誇り、困っている人への理解と共感、生活スキルやケア能力の向上など、ヤングケアラーのプラスの側面に注目しやすくなり、セルフエスティームを高める方向に支援することが可能になります。

**参考文献**

1）高山恵子（2016）『保育者のためのペアレントサポートプログラム―これならできる子育て支援！―』学研プラス、（Gakken保育Books）
2）高山恵子（2012）『親子のストレスを減らす15のヒント―保育・教育・福祉現場の保護者支援に―』学研教育出版、（学研のヒューマンケアブックス）
3）奥山滋樹（2021）『ヤングケアラーにおける家族システムおよび親子サブシステムが当事者の生活適応に及ぼす影響に関する研究』東北大学、博士学位論文
4）Bolas, H., Van Wersch, A., & Flynn, D.（2007）. The well-being of young people who care for a dependent relative: An interpretative phenomenological analysis. Psychology & Health, 22 (7), 829-850.
5）第一生命経済研究所編（2015）『ライフデザイン白書2015年』ぎょうせい

（NPO法人えじそんくらぶ代表　臨床心理士）

# 第13章 家族主義を中心とした課題

■ 柴田直也 ■

## 1．家族主義の落とし穴

日々多くの人と関わる中で実感していることは、多様性や個性を尊重しようという考え方が社会に広がってきていても、何らかの困り感を抱える人へ関わる時には「家族」を一単位にして考えているということです。同居していれば、当たり前に最前線でケアを担うこととなりますし、離れて暮らしている家族、親族であっても近くにいない、あるいは少ない場合には、その家族・親族がケアの最前線にくるように行政や教育、医療福祉機関などが働きかけてしまっている状況があると感じています。そうしたこと自体は困り感を和らげたり、解決にもっていったりするために重要であることは確かだと思います。しかし、「家族なのだから当たり前」という考え方を前提にして、家族を構成している個人個人の事情までに目を向けることが少ないと、結果的に家族全体が疲弊し、身をすり減らしてしまうと考えています。そして家族の中でも特に女性がケアの中心を担っている割合が多く、それが社会的に当たり前になっていると感じています。

## 2．ケアの担い手が女性である現状

相談者の多くは女性であり、当事者の家族会がほとんどが女性である事実からしても、ケアの担い手が女性であることを表していると思います。令和５年に栃木県が行ったケアラー実態調査では高齢者のケアラーの内７割が女性、障害者のケアラーでは８割が女性という結果がでました。ケアは家族内でどうにかするものという風潮が強い中で、家族内で特に女性が担っている現状が見えてきました。ケアの中心が女性ということは母親や娘、妻、子の妻、姉、妹などが担い手になり得ますが、確かにそういった立場の女性に家族も頼りますし、支援側も頼りにしてしまう割合が非常に多いのではないでしょうか。ケアラーズカフェやひきこもり不登校支援の会、医療的ケアが必要な人のネットワークなどの活動の中でも相談者や活動を共にする人は女性ばかりです。ケアラーズカフェに来る方の世代は子育て世代から高齢者まで様々で、要介護状態の配偶者や両親（義父母）の介護をしていたり、障害のある子どもやきょうだいのケアをしていたりなど、多岐に渡る状況に置かれています。夫婦のみでの生活や同居家族に息子などの男性しかいない場合には、男性がカフェに来てケアラー同士のつながりを作り、常連になっています。しかし、それ以外の状況となるとカフェに来る方はほぼ女性であり、要介護状態の家族のケアや障がいがある家族へのケアのキーパーソンとなっています。

那須塩原市に転入してきた人の例ですが、仕事関係で転居し子どもが生まれ、市の発達検診を経て病院で発達障害の診断を受けた人がいました。身近に頼れる友人や親族がおらず、困り感が強い状況でカフェにいらっしゃいました。よくあるケースとしては、普段から子どもを一番みているはずの母親なのに「なんでこうなったんだ？」「ずっと一緒にいて気づかなかったのか？」と夫や義父母などから責められ、理解されずに家庭内で孤立していることが多く見受けられます。こうした場合は何かアドバイスをするというよりは、シンプルに気持ちや置かれている状況について聴くことで、本人自身も言語化し表出することによって気持ちが和らいでいきます。

さらに、似た境遇にある母親同士のつながりを紹介し、その輪に入ることで日常的に相談や話ができるネットワークがつくられます。行政などが運営している子育てサロンでは、健常児の親のコミュニティに参加することで反対に孤独を感じることになることもあります。

## ３．支援者は近所の人や周囲の人

ひきこもりや不登校に関する相談者、家族会にくる方も同様です。不登校になる理由は様々であり、学校や教育委員会、フリースクールなどの関係機関と連携しながら子どもの環境調整を進めることが多くなっていると感じています。保護者、特に母親は子どもが不登校になる前はPTAなどのつながりがあり、子育てのことを相談できたり、学校関連のことを共有できたりしていても、子どもが不登校の状況になることで、そういったネットワークに入りづらくなる傾向があります。「自分の家庭は他の家庭と違う」という心境から自ら距離を置いてしまうことも少なくありません。また、ひきこもり状況にある人のケースでは、学校入学や卒業、就職、結婚などのライフステージは同世代間で共有され、共通の話題となるものですが、家族がひきこもり状況になってくると、この場合でも「他の家庭と違う」という心境になってきます。親交のあった家庭や地域から離れていくきっかけにもなります。医療的ケア児の家庭においても同様の状況があります。他の家庭と違うと家族自身は思い、他の家庭や地域との距離が出来てしまう、あるいは「あそこの家庭は大変そうだ」と地域行事や学校関連のイベントの際に声をかけないことでも距離が出来てしまいます。家族は「家族内のことは家族で何とかするものであり、人様に迷惑をかけていない。巻き込んではいけない」という想いがとても強く、結果的に孤立・孤独感が深くなってしまうのだと感じます。こういった家庭への支援については、まず、家族自体の生活や考え方を変えてほしいというよりは、近所や周りにいる地域の人たちの理解がどれだけあるかで大きく暮らし方は左右されると知ることが大切です。こうした部分は行政を中心とした啓発や理解促進が非常に重要になってきますし、不登校や医療的ケアが必要な子ども本人に対しては、教育機関と福祉機関との協働が必須になってきます。そして、地域にある公的ではない社会資源も巻き込んで選択肢に加えて課題をもつ家族が自由に選べるようになるところまで目指した協働が求められます。

## 4．対話の場をつくる

ケアの中心となる割合が多い女性からの相談で多いものに「就労」もあります。働きたいが、家族のケアがあるためそれが難しく、経済的に苦しい状況にある家庭も少なくありません。ひとり親世帯の場合はさらに高い確率で相対的貧困状態になっていると思われます。親世代の介護や子どもの疾患や障害、不登校などのケアが生活の中心となり、貧困に陥りやすくなります。ひとり親世帯への公的な援助は比較的充実していますが、それでも例えば、介護サービスやフリースクール、その他の公的・民間サービスを利用すればお金がかかります。ケアを優先しないといけないがために就労することが困難になり、経済的困窮状態になったり、本来就労することで出来るプライベートとのメリハリや家庭以外のコミュニティ形成が不足したりします。就労が難しいことで経済的に困ることは理解できても、後者のほうに対しての理解は支援者側には理解されていなことが多いと思います。特にケアや子育てによる離職や産休育児休暇を経験していない支援者には理解が難しいでしょう。この問題を理解してもらうためには個別のケース対応として相談を聴くことよりも、そういった状況に置かれている、あるいは置かれていた当事者との対話を繰り返すことが重要になってきます。こういった対話の場は教育・医療・福祉関係者には設定することが難しいので、当事者団体などとの交流を定期的に行い、対話の場に参加することが大切だと考えています。こうした機会は福祉領域の当事者団体が中心となり設定できると実現していくはずです。

## 5．ヤングケアラー状況にいる子どもに気づく

さて、生活を成り立たせるためには経済的な基盤として就労や年金等による収入を得る人が必要となり、家族を構成する人がどのようになっているのかでケアの状況は大きく変わります。乳幼児・学齢期の子ども・障害児者・何らかの疾患がありケアが必要な人・加齢による介護が必要な人など、多様なケアを必要とする人がいます。そのような人をケアする家族はどのような状況にあるのでしょうか。介護に専念できる状況にあるのか、就労と介護のバランスをとらないといけない状況なのか、暮らしは別で自身の家庭がありつつケアの支え手になっているのか、これから就労や進学を控えていて将来を考える状況なのか、現在の状況が当たり前であり、他者との比較は難しい段階の学齢期なのかなど、多種多様です。家族を構成する人たちがいて、本来大人が担ったほうが良いと思われるポジションにいる18歳未満の子どもがヤングケアラーです。そのポジションの責任を他の家族や人と分かちあえずに課せられている子どもに対しては何らかのサポートが必要になってきます。この時に「家族の一員なのだから、大変ではあるけど、可哀想ではあるけど、ケアを担うことは当たり前である」という考えが大人にあることが一番の課題です。「制度ではどうにもならないから、他人が支えることは難しいから、家族内でどうにかすべき」という家族主義思想に対して、教育・医療・福祉関係者がまずは状況を本人や家族から丁寧に聴き、どのようなサポートが出来るかを本人と家族、関係機関と考えていくことが家族主義を少しでも和らげることになるはずです。西洋のように個人が前提としてまず存在し、家族であっても個人を尊重するという社会にすることはすぐには難しいことです。ヤングケアラーかどうかの判断をヤングケアラーの属性に当てはめて考えるのではなく、経済的な貧困やひとり親家庭などの育児がワンオペ

になりやすい状況、家族を構成する人数が少なく大人が就労や他の家族のケアなどをしている場合などにその家庭にヤングケアラー状況にある子どもがいると気づくことが大切なポイントです。この家庭は「貧困だから」「不登校の子がいるから」「病気・介護が必要な人がいるから」「障害がある子ども・大人がいるから」といった把握をした時にケアラーがいるかもしれないと気づく視点が最重要です。

## 6．生活レベルからサポートする

学校では児童生徒一人ひとりの本質と向き合うことが基本となっているので、他の医療・福祉分野よりもケアラーとなる子どもたちの生活や気持ちに寄り添うことが出来ているはずです。個人主義ではなく、家族のことは家族内でまずは解決すべきという家族主義に対応していくためには、家族を取り巻く教育・医療・福祉関係者や保護者、近所の人たちが状況を共有し、各々が出来ることを役割分担し、関わり続けることが最適解となってきます。文章にすると理想論ととられるかもしれませんが、スムーズな情報共有ができるように要対協や生活困窮者自立支援制度の支援会議、重層的支援会議などの多職種間で個人情報を共有することが可能なネットワークを構築し、多職種合同会議体を積極的に活用していく土壌を整えていくことで、今は各々個別に関わりを持っている人たちがチームを形成し、ヤングケアラーやその家族を生活レベルからサポートすることにつながっていきます。

（社会福祉法人　那須塩原市社会福祉協議会）

コラム

# 7

## 受容するまでのプロセス

ヤングケアラーの定義に当てはまる人でも、「ヤングケアラー」という言葉が嫌いで使いたくないという人や、自分はそのくくりで支援されるような境遇ではないと拒否する人もいます。

当事者がヤングケアラーであることを受け入れることが難しい場合は、同じような体験を持っている人の話を聞いたり、元ヤングケアラーの方の受容に至るまでのプロセスを聞いたりできる場を提供することが有効です。

受容過程についてはキューブラー・ロスの受容の五段階モデルが参考になります。

**受容のプロセス**

第１段階「否認」

大きな衝撃を受け、そんなはずはないと否認する段階。「仮にそうだとしても、何とかなる」といった部分的否認もある。

第２段階「怒り」

なぜ自分がこんな目に遭うのか、という怒りを周囲に向ける段階。

第３段階「取引」

信仰心がなくても神や仏などにすがり、なんとかなってほしいと願う段階。

第４段階「抑うつ」

取引が無駄と認識し、運命に対し無力さを感じ、失望し、ひどい抑うつに襲われ何もできなくなる段階。「部分的悲嘆」のプロセスへと移行することも。

第５段階「受容」

部分的悲嘆のプロセスと並行し、最終的に受け入れる。

高山恵子

個人差はありますが、当事者がこのようなプロセスをたどることを前提とすることで、「こんなに丁寧に何回もいい社会的資源を紹介しているのに拒否して、なんで支援している私に怒ってばかりいるの！」という、相手への怒りなどに飲み込まれずに支援しやすくなります。

# 第14章 こども家庭庁のはたらきとは

■ 宮下信吾 ■

## 1．こども家庭庁とは

こども家庭庁は、「こどもまんなか」をスローガンに、常にこどもの最善の利益を第一に考え、こどもに関する取り組み・政策を我が国社会の真ん中に据え、こどもの視点で、こどもを取り巻くあらゆる環境を視野に入れ、こどもの権利を保障し、こどもを誰一人取り残さず、健やかな成長を社会全体で後押しするための新たな司令塔として、令和５年４月に発足しました。

さらに、こどもや若者に関する取り組みを進めていくため、「こども基本法」が、こども家庭庁の発足と同時に施行され、同法に定める６つの基本理念に沿って、各施策が進められています。

① すべてのこどもは大切にされ、基本的な人権が守られ、差別されないこと。
② すべてのこどもは、大事に育てられ、生活が守られ、愛され、保護される権利が守られ、平等に教育を受けられること。
③ 年齢や発達の程度により、自分に直接関係することに意見を言えたり、社会のさまざまな活動に参加できること。
④ すべてのこどもは年齢や発達の程度に応じて、意見が尊重され、こどもの今とこれからにとって最もよいことが優先して考えられること。
⑤ 子育ては家庭を基本としながら、そのサポートが十分に行われ、家庭で育つことが難しいこどもも、家庭と同様の環境が確保されること。
⑥ 家庭や子育てに夢を持ち、喜びを感じられる社会をつくること。

このほか、政府全体のこども施策の基本的な方針等を定める「こども大綱」の策定や、こども等の意見の反映などについても定めがあり、その取り組みは順次進められているところです。

## ２．こども家庭庁とヤングケアラー

こども家庭庁の公式のホームページにおいて、ヤングケアラーを次のように定義しています。

「「ヤングケアラー」とは、本来大人が担うと想定されている家事や家族の世話などを日常的に行っているこどものこと。責任や負担の重さにより、学業や友人関係などに影響が出てしまうことがあります。」

更に、「こども」については、こども基本法（第二条）において次のように定義しています。

「この法律において「こども」とは、心身の発達の過程にある者をいう。」

つまり、こども基本法では、18歳や20歳といった年齢で必要なサポートがなくならないよう、心と身体の成長の段階にある人を「こども」としており、こどもや若者のそれぞれの状況に応じて社会で幸せに暮らしていけるよう、支えていくことがこども家庭庁の取組の基本となっています。

では、こども家庭庁においてヤングケアラーをどのように把握しているのでしょうか。それは、こども家庭庁発足前、厚生労働省の子ども・子育て支援推進調査研究事業において実施した「ヤングケアラーの実態調査」に原点があります。詳しく見てみましょう。

厚生労働省の子ども・子育て支援推進調査研究事業により、令和２年度は「中学２年生と高校２年生」を対象に三菱UFJリサーチ＆コンサルティング株式会社が、令和３年度は「小学６年生と大学３年生」を対象に株式会社日本総合研究所が、ヤングケアラーの実態調査[1)]を実施しました。

その調査結果によると、世話をしている家族が「いる」と回答したのは小学６年生で6.5%、中学２年生で5.7%、高校２年生で4.1%、大学３年生で6.2%でした。更に世話をしている家族が「いる」と回答した人に、世話を必要とする家族を訪ねたところ、小学生から高校生は「きょうだい」が最も多く、大学生は「母親」が最も多い結果となりました。

この調査の数値がそのままヤングケアラーを表すという訳ではありませんが、支援が必要なヤングケアラーが一定数いる事実がこの時明らかとなりました。

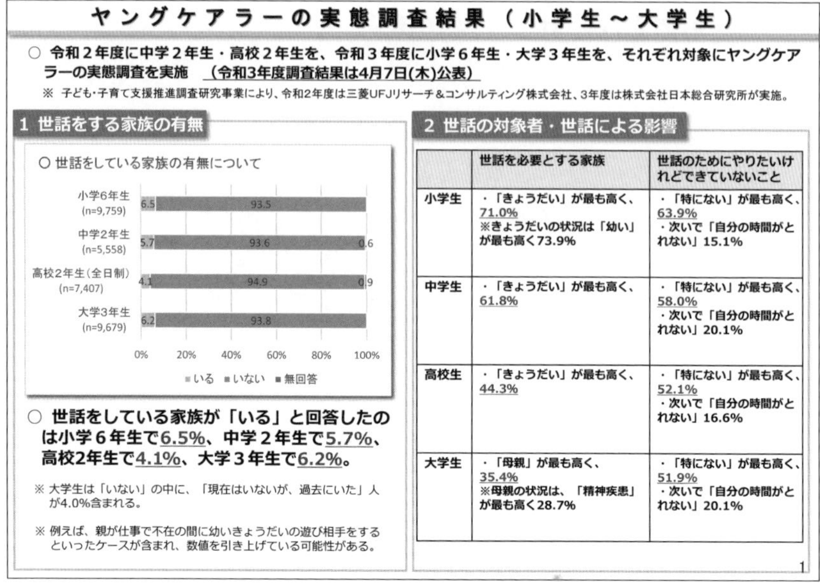


| | 世話を必要とする家族 | 世話のためにやりたいけれどできていないこと |
|---|---|---|
| 小学生 | ・「きょうだい」が最も高く、71.0%<br>※きょうだいの状況は「幼い」が最も高く73.9% | ・「特にない」が最も高く、63.9%<br>・次いで「自分の時間がとれない」15.1% |
| 中学生 | ・「きょうだい」が最も高く、61.8% | ・「特にない」が最も高く、58.0%<br>・次いで「自分の時間がとれない」20.1% |
| 高校生 | ・「きょうだい」が最も高く、44.3% | ・「特にない」が最も高く、52.1%<br>・次いで「自分の時間がとれない」16.6% |
| 大学生 | ・「母親」が最も高く、35.4%<br>※母親の状況は、「精神疾患」が最も高く28.7% | ・「特にない」が最も高く、51.9%<br>・次いで「自分の時間がとれない」20.1% |

図１　ヤングケアラーの実態調査結果（小学生～大学生）

## 3．ヤングケアラーを支える取り組み

ヤングケアラーは、年齢や成長の度合いに見合わない重い責任や負担を負うことで、本人の育ちや教育に影響があるといった課題があるにもかかわらず、家庭内のデリケートな問題、本人や家族に自覚がないといった理由から、支援が必要であっても表面化しにくい構造となっています。そのため、ヤングケアラーに対して、様々な分野が連携したアウトリーチによる支援が重要であり、介護・医療・障害・教育分野などの連携が欠かせません。そのため、令和３年３月、厚生労働省副大臣と文部科学省副大臣とを共同議長とするプロジェクトチームを立ち上げ、連携の強化・支援の充実を図るための報告書[2)]をとりまとめました。こども家庭庁では、この報告書を基本として、３つの観点から各種施策を展開しています。

### １）早期発見・把握

ヤングケアラーへの支援を行うにあたっては、福祉、介護、医療、教育などといった様々な分野が連携し、アウトリーチにより、潜在化しがちなヤン

グケアラーを早期に把握することが大切ですが、まずはしっかりとこどもの気持ちに寄り添い、支援が必要なのか、どのような支援が欲しいのかなどについて聞き取ることが重要です。

学校におけるヤングケアラーの把握を考えた場合、学校の教職員はこどもと接する時間が長く、日々の変化に気づきやすい一方で、ヤングケアラーの概念の認知が十分ではなかったり、ヤングケアラーを把握した場合もどのような対応をしたら良いか分からないケースが起こります。

このような現状に対し、国では、地方自治体向けの事業である「ヤングケアラー支援体制強化事業（ヤングケアラー実態調査・研修推進事業）」に取り組み、学校の教職員をはじめ、福祉、介護、医療、教育等に係わる様々な関係機関がヤングケアラーについて学ぶ機会を創出しています。

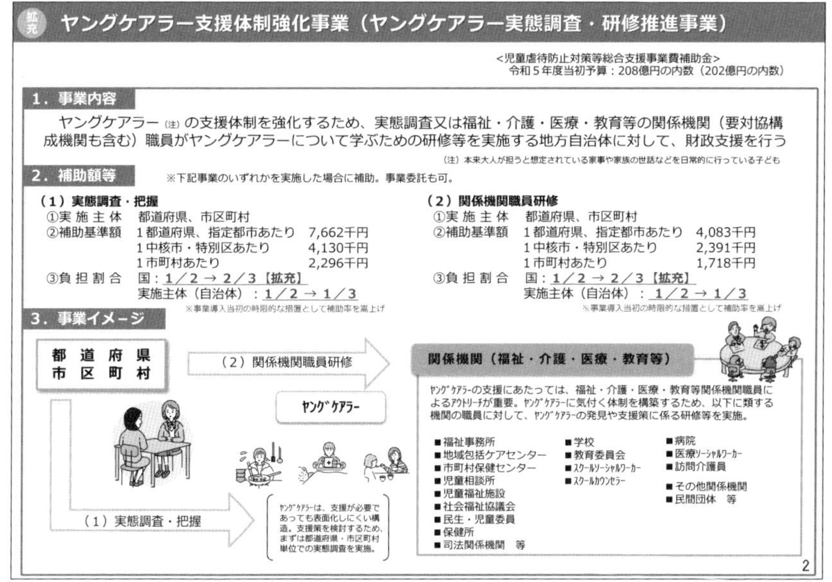


**図2　ヤングケアラー支援体制強化事業（ヤングケアラー実態調査・研修推進事業）**

さらに、地方自治体におけるヤングケアラーに係る相談窓口機能を強化するため、関係機関と民間支援団体等とのパイプ役となる「ヤングケアラー・コーディネーター」の配置や、ピアサポート等相談支援体制の構築を進めており、「ヤングケアラーに係る相談は、地域のこの窓口へ！」と明確化されるように取り組んでいるところです。

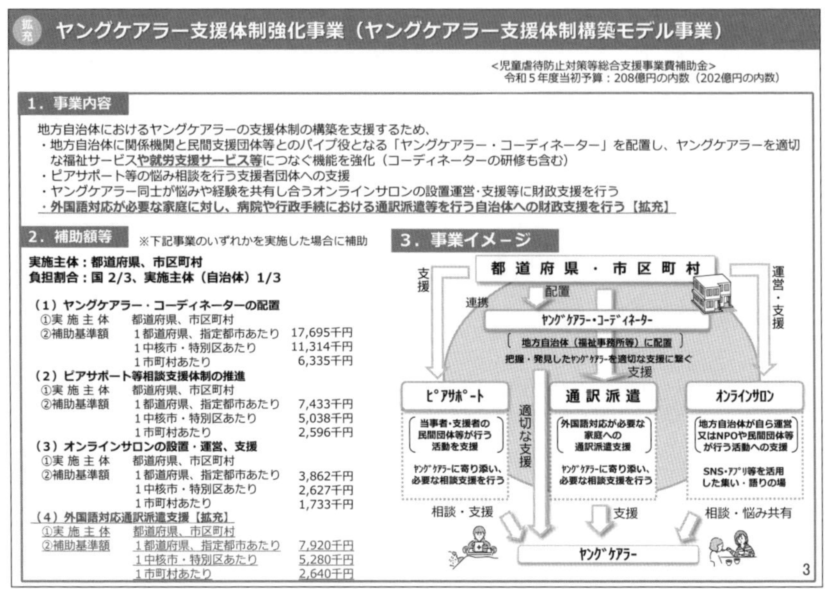


**図３　ヤングケアラー支援体制強化事業（ヤングケアラー支援体制構築モデル事業）**

### ２）支援策の推進

把握したヤングケアラーの心身の負担を軽減し、こどもらしい生活を送ることができるようにするためには、既存の支援サービスに適切につなげる必要があります。

①ピアサポートなどの悩み相談や、福祉サービスへのつなぎなど相談支援の推進

支援が必要なヤングケアラーを把握し、必要な福祉サービスにつなげるためには、ヤングケアラー自身の「声」を聞き逃さないことが重要です。

国では、各地方自治体が行う支援者団体などと連携したピアサポートなどの悩み相談を行う事業の支援（対面相談、電話相談のみならず、SNSなどのオンラインによる相談）を実施し、各都道府県から市区町村まで、その取組

は徐々に広がっています。

また、ヤングケアラーを発見・把握した場合に、高齢、障害、疾病、失業、生活困窮、ひとり親家庭といった家庭の状況に応じ、適切なサービスにつなげられるよう、「多機関・多職種連携によるヤングケアラー支援マニュアル～ケアを担う子どもを地域で支えるために～[3)]」に、福祉、介護、医療、教育などに係る関係機関の役割やヤングケアラーを把握する着眼点、自治体や関係機関における支援の取り組み事例などををまとめ、公開しています。

②スクールソーシャルワーカーなどを活用した教育相談体制の充実や、NPOなどと連携した学習支援の推進

学校は、授業や生活指導などを通じてこどもの状況を把握しやすく、支援が必要なヤングケアラーを発見できる機関の一つとして期待されますが、家庭の問題への介入については、個々の教職員によりノウハウや経験に差があり、問題事案が発見されても適切な窓口が分からないなど、自治体の窓口につなぐことができない場合があることなどが指摘されています。

そこで、国では、教職員が行政機関へのつなぎを円滑に行うことができるよう、教育委員会におけるスクールソーシャルワーカー、スクールカウンセラーの配置を支援し、福祉部局による必要な支援につなぐための教育相談体制の充実を図っており、さらに、こども食堂やこども宅食を行う民間団体が、支援を必要とするこどもの居宅を訪問する活動を支援（支援対象児童等見守り強化事業など）しているところです。

③ヤングケアラーがこどもであることを踏まえた適切な福祉サービスなどの運用の検討

ヤングケアラーがこどもらしい暮らしを奪われることのないよう、家族へのケアに係る負担を軽減又は解消するためには、世帯全体を支援する視点を持って福祉サービスなどの利用申請の勧奨やケアプランなどの作成が行われることが必要ですが、ケアを要する家族と同居するこどもは、中高生であっても福祉機関や専門職から大人の介護者と等しく「介護力」と見られ、福祉サービスなどの利用を調整されるケースがあるとの指摘があります。

国では、こどもが主たる介護者となっている場合には、こどもを「介護力」と見なさず、居宅サービスなどの利用について十分配意するなど、ヤングケ

アラーがいる家族に対するアセスメントの留意点などについて地方自治体や関係団体に周知を行っています。

④幼いきょうだいをケアするヤングケアラーへの支援

保育サービスに加え、家庭での家事や子育てを支援するサービスが必要であると考えられ、国では、支援が必要なひとり親家庭に対する生活支援を推進するとともに、ヤングケアラーがいる家庭など困難な状況にある家庭に対する家庭支援を実施しています。

例えば、令和３年度より、市町村において、ヤングケアラーがいる家庭を含め、家事・育児に不安を抱える家庭を訪問し、不安や悩みを傾聴するとともに、家事支援や育児支援を行う事業（子育て世帯訪問支援臨時特例事業）。令和６年度より子育て世帯訪問支援事業を実施しており、令和６年４月施行の児童福祉法の改正により、訪問による生活支援は法律に位置づけられることとなります。この取り組みにより、ヤングケアラーが実際にケアに割いている時間を軽減し、その分の時間を、部活や勉強、自分の趣味などの時間に当てることができるようにしています。

### ３）社会的認知度の向上

ヤングケアラーは、その名称や概念自体の社会的認知度が高いとは言えず、ヤングケアラーの実態調査によると、学校におけるヤングケアラーの認知度については、中高生の８割以上がヤングケアラーを「聞いたことがない」と回答しています。

このため、令和４年度から令和６年度の３年間を「集中取組期間」とし、ヤングケアラーの社会的認知度の向上に集中的に取り組み、当面は既に調査を行っている中高生について、認知度を５割にすることを目指しています。

以上が、現時点におけるヤングケアラーを支える取り組みですが、「こどもまんなか」、こどもにとって最善は何かを模索し、令和５年12月に公表した令和６年度予算案においては、進路やキャリア相談を含めた相談支援体制の構築、レスパイトや自己発見等に寄与する当事者向けイベントの開催に関する取り組みなど、ヤングケアラーを支える取り組みのさらなる充実を予定しているところであり、さらには法律上にヤングケアラーに関する規定が設けられるよう、子ども・若者育成支援推進法の改正に向けた動きもあるところです。

ヤングケアラーを支える取り組みが一過性で終わることのないよう、地方自治体や支援者団体や関係機関と連携し、引き続き、一人でも多くのヤングケアラーの将来の選択肢が増えるような、或いは辛いときに支える場所や人がいるような社会を目指して取り組みを進めます。

**参考文献**

1）三菱UFJリサーチ＆コンサルティング政策研究事業本部（2021）「ヤングケアラーの実態に関する調査研究報告書（令和２年度子ども・子育て支援推進調査研究事業）」令和３年３月
日本総合研究所（2022）「ヤングケアラーの実態に関する調査研究（令和３年度子ども・子育て支援推進調査研究事業）」令和４年３月
2）ヤングケアラーの支援に向けた福祉・介護・医療・教育の連携プロジェクトチーム（2021）「ヤングケアラーの支援に向けた福祉・介護・医療・教育の連携プロジェクトチーム報告」厚生労働省・文部科学省、令和３年５月
3）有限責任監査法人トーマツ（2022）「多機関・多職種連携によるヤングケアラー支援マニュアル～ケアを担う子どもを地域で支えるために～」令和４年３月

（こども家庭庁支援局虐待防止対策課自治体支援係長）

第**15**章

# 啓発活動
## ―ネットワーク・支援システムの作り方―

■ 髙瀬堅吉 ■

## 1．薄れる地縁・血縁

近代社会の進展に伴い、土地に住む人々の繋がりや家族の血縁関係が次第に薄れていると言われています。これには、いくつかの要因が考えられます。第一に、仕事や教育の機会の拡大により、人々がより遠くの場所に移動する必要が増えたことです。転勤や留学といった機会が増え、地域や国をまたいで生活することが一般的となりました。これにより、地元のコミュニティとの結びつきが希薄化し、土地に住む人たちの繋がりが薄れています。第二に、テクノロジーの進歩により遠くに住む家族や友人とのコミュニケーションがオンラインで行われるようになったことです。電話やビデオ通話、ソーシャルメディアを通じて瞬時に情報をやり取りできる反面、物理的な距離感が生まれ、対面での交流が減少しています。第三に、経済的な変化や働き方が多様化したことです。仕事の不安定さや長時間労働の増加が、人々が家族や地域のイベントに参加する時間やエネルギーを奪っています。これにより、家族や地域社会との結びつきが希薄になりました。以上の要因の結果として人々の間に「孤立・孤独」が広がってしまいました。孤立・孤独は個人だけでなく社会全体にも影響を与えています。心の健康の悪化や社会的な支援の不足が問題となり、コミュニティ全体が弱体化する可能性があります。したがって、社会的な繋がりや家族の重要性を再評価し、地域社会を支えるための新たな手段や政策を急ぎ施行しなければなりません。

社会において孤立・孤独が広がることは、特にヤングケアラー問題に深刻な影響を与えています。ヤングケアラーは、未成年でありながら身近な家族の一員が病気や障害を抱え、その介護やサポートを担う立場に置かれている若者たちを指します。

ヤングケアラーという社会課題の解決を難しくしている要因は様々ですが、社会的サポートの不足がその要因の一つとして挙げられます。一方で、彼らのニーズや困難に気づくことが難しいことがあります。また、彼らが外部からのサポートを受ける機会が減少することで、社会的な孤立・孤独が一層強まります。また、支援体制の構築の難しさも、解決を困難にしている要因の一つです。ヤングケアラー問題への対応は、教育、福祉、医療の分野での連携が必要であり、社会が共に取り組むことで、これらの若者たちにより健やかで安心な未来を提供しなければなりませんが、支援体制を構築するには、社会全体での協働と意識の向上が必要です。

現在地縁・血縁に代わる新たなコミュニティ（枠組み）を作り上げて、ヤングケアラーをはじめとしたさまざまな社会課題について啓発活動を行い、それを支えるネットワークと支援システムを構築することが求められています。本章では、薄れる地縁・血縁に代わる新しいコミュニティづくりとして、「シチズンサイエンス」を紹介し、シチズンサイエンスがヤングケアラーをはじめとした社会課題にどのように適用可能かを紹介していきたいと思います。

## 2．シチズンサイエンス

シチズンサイエンスは、専門の科学者だけでなく、一般の市民や非専門家も科学的な研究やデータ収集に参加する取り組みの一形態です。これは、広範な科学的な課題に対処するために、大勢の人々が協力してデータを提供し、問題解決に参与する手段として広く活用されています。

シチズンサイエンスの特徴は次に示す点です。

**①参加型研究**

市民が科学研究に積極的に参加し、データ収集や実験に協力することにより、専門家だけでは難しい規模や地域にわたる研究が可能となります。

**②オープンなデータ**

収集されたデータは通常オープンでアクセス可能な形で提供され、科学コミュニティや一般の人々がそれを利用できます。これにより、透明性が確保され、異なる専門分野や地域での利用が促進されます。

**③多様な分野への適用**

シチズンサイエンスはさまざまな分野に適用可能です。自然科学、環境科学、天文学、生物学、医学などに市民が関与することで新たな知識や洞察が得られます。

**④技術の進化とデジタルプラットフォーム**

デジタル技術の進化により、オンラインプラットフォームやアプリケーションを通じて容易に参加できるようになりました。これにより、地理的な制約を克服し、世界中の人々が協力し合って研究できます。

**⑤科学普及と教育**

市民が直接科学的なプロセスに関与することで、科学に対する理解や関心が深まります。また、学校やコミュニティでのプロジェクトは、教育の一環としても採用されています。

本章がテーマとする「啓発活動（ネットワーク・支援システム作り）」につながるシチズンサイエンスの特徴が、先に述べた「科学普及と教育」に関わっています。シチズンサイエンスでは市民が直接科学的なプロセスに関与することで、科学に対する理解や関心を深めます。科学というと、皆さんは試験管を振ったり、顕微鏡をのぞいたりして何かを調べるイメージを持つかもしれませんが、科学の領域は広く、単に自然現象や物質の性質を研究するだけでなく、社会や人間の行動、思考に関する研究も科学に含まれます。特に、社会科学や人文科学と呼ばれる分野では、人々の関係や文化、歴史などを科学的方法で探究し、理解を深めることを目指しています。

本章の冒頭で、社会において孤立・孤独が広がることは、特にヤングケアラー問題に深刻な影響を与えていることを述べましたが、孤立・孤独といった社会的課題は、科学の範疇に含まれます。それらの問題を理解し、解決するためには、心理学、社会学、医学などさまざまな分野の専門知識を結集し、総合的なアプローチが求められます。シチズンサイエンスは、地縁・血縁の希薄化により生じたヤングケアラーという社会課題に、再び市民が関心を寄せ、コミュニティの繋がりの重要性を認識するための啓発活動の有力なツールとなり得るのです。

## 3．ヤングケアラー問題の解決に資する可能性がある シチズンサイエンスプロジェクトの一例

ここでは、ヤングケアラー問題の解決のヒントとなるシチズンサイエンスプロジェクトの例を一つ紹介します。筆者も関わった公益社団法人日本心理学会が行った市民の皆さんと研究を行い、これからの心理学を共に創り上げ

ることを目的にシチズンサイエンスプロジェクトです。このプロジェクトは、現在は行われていないのですが、プロジェクトの参加者は、「認定心理士」という資格を持つ市民の皆さんでした。認定心理士とは、心理学の専門家として仕事をするために必要な最小限の標準的基礎学力と技能を修得していると日本心理学会によって認定された人のことです。つまり、大学で心理学を学んだ市民の方たちが、このシチズンサイエンスプロジェクトに参加したのです。

プロジェクトではいくつかの調査研究が行われたのですが、そのうちの一つが「高齢者の人との繋がり状況を調べるプロジェクト」（https://psych.or.jp/authorization/citizen/）でした。現在、医療費及び介護費の抑制や、孤立・孤独の解消に抜本的に取り組むことは自治体の喫緊の課題となっています。健常層の高齢者が要介護者になる主な理由に、家からあまり出なくなり心身機能が低下する廃用症候群があります。軽度の要介護者へのサービス提供が介護施設側から自治体や地域包括支援センターに移行しており、健常層の高齢者が軽度、重度の要介護者にならないために、介護保険費用削減の観点から、自治体は高齢者の社会参画を促進する取り組みに注目しています。そのため、高齢者の人との繋がり状況を把握することは、社会参画を促進する方法の検討に繋がる重要な調査テーマでした。

そこで、このプロジェクトでは、三菱総合研究所と日本心理学会が、高齢者を対象としたアンケート調査を行い、高齢者の社会参画状況を把握し、社会参画を促進する方法の検討に繋げるための調査を行うこととしました。超高齢社会を幸せに生きる人生100歳時代を実現するために不可欠なテーマであり、SDGsのゴール３「あらゆる年齢のすべての人々の健康的な生活を確保し、福祉を促進する」に資する取り組みとして始められました。しかしながら、一般的に、こうしたアンケート調査に回答可能な高齢者は、既に一定の繋がりが保たれた、比較的社会参画が可能な高齢者です。そのため、高齢者の社会参画状況を正確に把握することは困難でした。高齢者の社会参画状況を正確に把握するためには、地域社会に溶け込んだ認定心理士の皆さんの草の根的なネットワークを活用した精緻な調査が必要だったので、ご協力をお願いしました。

このプロジェクトでは、日本心理学会シチズンサイエンスプロジェクトのHPから申し込みをしてもらい、申込みいただいた認定心理士の皆さんのもとに、郵送でアンケート用紙が届くようにしました。アンケート調査対象者は65歳以上の高齢者とし、ご両親、友人、その紹介いただいた方など、1～6名に調査への協力をお願いしました。そして、同封されている返信用封筒に回答済みのアンケート用紙をポストに投函してもらいました。基本的には、高齢者に対して電話またはオンラインアプリケーションなどを使用して趣旨説明およびアンケート調査を行い、可能であれば趣旨説明およびアンケート調査を、対面で行うこともありました。電話等で回答していただいた場合は、アンケート項目を認定心理士のみなさんがアンケート用紙に記入し、対面で実施の際は回答者がアンケート用紙に回答を記入しました。こうして得たアンケート用紙を同封されていた返信用封筒に入れてポストに投函してもらいました。

このプロジェクトには、155名の認定心理士の方たちが参加し、紙面の調査票を用いた対面もしくは電話調査により、532件の回答を得ることができました。このプロジェクトでは、応募者のうち82%が調査を実施し、うち35%は5名以上に調査を実施しました。また、事前に設定していた2ケ月の実施期間のなかでも早期に実施いただいた方が多く、期日を過ぎる方もいませんでした。そのため認定心理士の方たちに前向きかつ積極的にご活躍いただけたという印象を持っています。また、同意書で取得した個人情報の扱いに関する問合せが多かったことにくわえ、コロナウイルス感染対策に配慮して対面ではなく、電話・郵送による調査を実施したケースが多かったことなど、認定心理士の方たちのコンプライアンス意識の高さが目立ちました。そして、認定心理士の方たちと回答者間のトラブル報告はなく、認定心理士の方たちの調査に対する一定のスキルを確認することができました。以上が、このプロジェクトの良かった点として挙げられます。

一方で、非対面で実施する際、同意書へ回答者の直筆による署名をいただくことが難しかったことや、説明文書の内容を全て回答者に伝えるのが大変等のご意見も多く、認定心理士の方たちの調査実施負荷が大きいこともわかりました。さらに、応募者のうち18%は調査を実施いただけなかったこと、謝礼の受取りを辞退したいとのご連絡もあり、調査を実施いただけなかった認定心理士の方たちの理由を、可能であれば明らかにし今後に生かす等の課題も見つかりました。

全体を俯瞰すると、このプロジェクトでは全国を対象に人との繋がり状況を、デジタルデバイド層も含めて把握できた点に意味があったと考えています。認定心理士の方たちのネットワークを活用した調査により、自治体の政策検討のための情報提供や、認定心理士の方たちの活躍の場の創出に繋げられる可能性があるプロジェクトでした。そして何よりも、このプロジェクトは、高齢者の孤立・孤独を対象とした調査で、調査を行った認定心理士の方たちは、ご両親、友人、もしくはその方たち経由で紹介いただいた方たちへ「調査」という名の「声掛けの機会」を得ることができました。シチズンサイエンスプロジェクトを通じて、薄れた地縁・血縁が再び強まる機会を一過性とは言えもたらすことができたのです。

では、同じ調査をヤングケアラーに適用したらどうなるでしょうか。ヤングケアラーの存在は、社会の中で見過ごされています。しかし、「ヤングケアラーの繋がり状況の調査」というシチズンサイエンスのプロジェクトを立ち上げることで、もしかすると、親族、近所、知り合いが「調査」という「声掛けの機会」を持ち、困っている家庭に心を寄せることができるかもしれません。核家族化が進むなかで、コミュニティ内で生じた「他人への無関心(孤立・孤独をもたらす遠因)」がヤングケアラーという状況を生み出しました。その他人への無関心を払拭し、市民が少しでも他人への関心を示し、ひいては課題解決に興味を持ち得る機能がシチズンサイエンスにはあります。シチズンサイエンスは啓発活動につながるだけでなく、地縁・血縁にかわる新たなネットワーク・支援システムを構築するポテンシャルがあります。今後、各自治体が「ヤングケアラーの繋がり状況の調査」というシチズンサイエンスのプロジェクトを立ち上げたならば、地縁・血縁に代わる新し支援の輪が広がる可能性もでてきます。本章で紹介したシチズンサイエンスは、令和３年３月26日閣議決定された科学技術・イノベーション基本計画にも記載されており、その推進が目指されています。ぜひ、社会の課題を市民自らサイエンスの力で解決して行くことを強く願っています。

（中央大学文学部教授）

# 第16章 イギリスの学校ではどんな取り組みをしているのか？

■ 斎藤真緒 ■

## 1．はじめに—なぜイギリスなのか？

イギリスの学校での取り組みを紹介する前に、前提となる状況や取り組みの背景を、最初に説明したいと思います。イギリスは、ヤングケアラー支援において世界をリードするポジションにあります（表1参照）。イギリスのヤングケアラーは、「他人のためにケアを提供している、または提供しようとしている18歳未満の者。ただし、ケアが契約に基づく場合、ボランティア活動として行われる場合は除く」（「2014年子どもと家庭に関する法律」第96条）と規定されています。日本では、介護、育児、障害など、支援策がケアの種別によって分けられていますが、イギリスはこうした区分を持ちません。また、必ずしもケアの対象が家族とは限らないことにも留意する必要があるでしょう。もうひとつ補足すべき重要な点は、イギリスはヤングケアラー支援の先進国であると同時に、全世代のケアラー支援先進国であるということです（斎藤2022）。

**表1　ヤングケアラー支援の進展度に関する国際分類[1)]（Leu et al. 2022）**

| ヤングケアラー支援の進展度 | 該当する国の例（2017） | 該当する国の例（2021） |
|---|---|---|
| 1．社会に組み込まれている（incorporated）／持続可能性がある（sustainable） | なし | なし |
| 2．先進的（Advanced） | イギリス | イギリス |
| 3．中程度（Intermediate） | オーストラリア<br>ノルウェー<br>スウェーデン | オーストラリア<br>ノルウェー<br>スウェーデン<br>カナダ |
| 4．準備段階（Preliminary） | オーストラリア<br>ドイツ<br>ニュージーランド | オーストラリア<br>ドイツ<br>ニュージーランド<br>イタリア<br>オランダ<br>スイス |

| | | |
|---|---|---|
| 5．始まったばかり（Emerging） | ベルギー<br>アイルランド<br>イタリア<br>サハラ以南アフリカ<br>スイス<br>オランダ<br>アメリカ | ベルギー<br>アイルランド<br>フィンランド<br>フランス<br>アメリカ |
| 6．ヤングケアラーが認識されつつある（Awakening） | ギリシャ<br>フィンランド<br>UAE<br>フランス | バングラデシュ<br>ギリシャ<br>インド<br>日本<br>ネパール<br>ポーランド<br>スロベニア<br>UAE |
| 7．ヤングケアラーに対する認識はみられない（No responses） | その他全ての国 | その他全ての国 |

## ２．学校の中でのヤングケアラー支援

イギリスのヤングケアラー支援の課題で最も重視されているのは、対象となる子ども・若者を「発見するidentifying」ことです。できるだけ早く発見することで、ケアにかかわる子ども・若者が、心身ともに健康かつ安全な状態を維持することができる、さらには、かれらが自分たちの生活を楽しめように、様々なサポートを提供することができるという考え方があります

## ３．Young Carers in Schoolsプログラム―学校まるごと支援

ここでは、学校でのヤングケアラー支援を具体化するためのプログラムとして、「Young Carers in Schools」（以下YCS）[2)]を紹介します。YCSプログラムは、ヤングケアラー支援に取り組む全国規模のチャリティ団体であるThe Children's Society[3)]と、全世代のケアラー支援を展開しているCarers Trust[4)]という２つの団体の協力で作成されました。このプログラムでは、学校での取り組みが、10の段階に設定されていて、それぞれの学校の支援の進捗状況に合わせて具体化していく方法が紹介されています（表２参照）。

学校でのヤングケアラー支援を推進するにあたって、学校スタッフがいちから作業をするなど、新たな負担増加につながらないように、学校での支援の進捗状況に関するチェックリストや、各段階での取り組みに必要なツール（校内掲示板での啓発資料の見本や、保護者への手紙の見本など）が、すべ

てHP上で無償で提供されています。

イギリスの学校は、日本ほど、厳格な教育カリキュラムを持たない反面、学校の健全な運営を厳密に評価する、政府から独立した監査組織（英国教育水準：Office for Standards in education, Children's Services and Skills）（以下Ofsted）があります。Ofstedは、学校の授業内容を視察し、学校の運営について評価を行い公表します[5)]。保護者らは、こうした情報をもとに、こどもの学校を選択することができます。2015年から、Ofstedの学校監査の項目の中に、ヤングケアラー支援が組み込まれました。学校がヤングケアラー支援に取り組むことは、学校の評価にもかかわる項目になったことが、学校でのヤングケアラー支援の普及の契機になっていることも重要でしょう。

**表2　Young Carers in Schoolsプログラムのステップガイド**

STEP1：ヤングケアラーを理解する
STEP2：ヤングケアラーに対する学校の取り組みを見直す
STEP3：学校の上層部のコミットメントを確実なものにする
STEP4：学校の中に、ヤングケアラー支援の実践チームを設ける
STEP5：学校の主要文書においてヤングケアラーについて言及する
STEP6：ヤングケアラーを発見し、アセスメントを行い、支援するための仕組みをつくる
STEP7：ヤングケアラーに関する学校スタッフの意識の向上をはかる
STEP8：全生徒とすべての家族の中で、ヤングケアラーに関する意識の向上を図る
STEP9：ヤングケアラーとその家族をみつけ、アセスメントを行い、支援を実行する
STEP10：優れた実践（good practice）をみんなで共有する
（出典）Carers Trust and The Children's Society, 2017, *Supporting Young Carers in Schools: A Step-by-step Guide for Leaders, Teachers and Non-teaching Staff.*

## ４．学校まるごと支援

YCSプログラムでは、学校生活の中で、ヤングケアラーに必要な支援を効果的に行うために、「学校まるごと支援whole School Approach」（Carers Trust and The Children's Society2017b, p.16）という考え方が、基本に据えられています。具体的には、①学校の運営責任をもつ管理職が、学校内でのヤングケアラー支援に責任を持ち、ヤングケアラー支援担当のスタッフを配置すること、②ヤングケアラーだけではなく、障害や病気についての肯定的なイメージと情報とを、すべての児童と保護者に提供すること、③ヤングケアラーを発見するために必要な情報をすべてのスタッフに届けること、④ヤングケアラー自身が自分のことを考え話すための時間と空間を学校内に確保すること、⑤他のマイノリティの子どもたちと同様に、学校運営システムにヤングケアラーを組み込み、かれらの出席率・学業達成度、健康をきちんと確認する体制を整えること、⑥ヤングケアラーの家族を支援し、学校外の機関と連携すること、などが挙げられています。このアプローチが十全になされることで、見えにくいヤングケアラーの可視化につながる、ヤングケアラーが自分のことを話しやすくなる、ヤングケアラーが必要以上に自分のことを何度も説明する必要がなくなる、そして何よりも、ヤングケアラーにまつわる「スティグマ」が軽減され、ヤングケアラー本人とその家族が、学校内外のコミュニティにおいてきちんと尊重され、安心してかつ自主的に支援につながることができます。

プログラムの実行にあたっては、学校のヤングケアラー支援の現状（ベースライン）の振り返り（ステップ２）だけではなく、今後の支援の方向性を検討する際に、多様な学校のスタッフが関わるだけではなく、ヤングケアラー当事者の意見を聴くことが重視されていることもポイントです。学内に、ヤングケアラーである生徒が定期的に集まれる機会を設け（ヤングケアラーフォーラム）、学校での支援のあり方に直接意見を反映できるルートを確立させています（ステップ６）。全生徒だけではなく、すべての保護者・家庭に対して、ヤングケアラーに関する啓発を積極的に行うこと通じて、ヤングケアラーとその家族への理解を深めること（ステップ８）は、ヤングケアラー本人、ケアを必要としている家族や保護者が、安心して学校に家庭の事情を相談できる環境整備としても重要でしょう。

## 5．おわりに―日本への示唆

YCSプログラムの成果として、ヤングケアラーの学習意欲が上がるだけではなく（72%）、具体的な成績向上につながること（63%）が確認されています。また、自信を持てるようになったヤングケアラーの増加も確認されています（83%）（Coram2018）。しかし、YCSプログラムのイギリス全土での普及率はまだ１%足らずであり、チャリティ団体によるイニシアティヴが今後も必要な領域であるともいえます。また、学校への期待は、ヤングケアラー当事者からも寄せられています。イギリスのヤングケアラー当事者組織（Young Carers National Voice）では、すべての学校にヤングケアラーを専属に担当するスタッフを配置することを要望し、2022年にはイギリス全土での署名活動を展開しました。

日本でも、2023年６月に閣議決定された「新たな教育振興基本計画」（令和５年度～９年度）では、「多様な教育ニーズへの対応と社会的包摂」という教育政策目標において、特別支援教育や不登校、外国ルーツの子ども、夜間中学や定時制・通信制課程、といった多様化・複雑化する子どものニーズの事例として、初めて「ヤングケアラー支援」が明記されました。ヤングケアラーの早期発見において重要な役割を期待されている学校には、何よりもまず、担任だけではなく、進路相談や部活顧問、養護教諭といった、学校内での情報共有体制の徹底が必要になると考えます。

イギリスのヤングケアラー支援の合言葉は、「No wrong doors（間違ったドアはない）」です（ADCS, ADASS, The Children's Society, Carers Trust, 2015）。この合言葉には、どのドアをたたいても、家族全体が支援につながる仕組みをつくるという強い決意が込められていると感じます。学校での発見から支援につなげるだけではなく、ケアを要する本人のアセスメント時に、家庭のなかに、ケアを担う可能性のある子ども・若者がいるかどうかを確認すること、アセスメントの際にも、子ども本人の要望をきくことが重視されています。

イギリスの取り組みをそのまま日本に応用することは難しいでしょう。日本とイギリスの学校の大きな違いとして、教職員数にしめる教員の割合の違いも影響していると考えられます（日本82%、アメリカ56%、イギリス51%）（高橋2022）[6]。ただ、その考え方やエッセンスは大いに参考になると思います。教育機関は、ヤングケアラーの「早期発見」の場所としては決定的に重要であることはいうまでもありませんが、学校だけでは家族全体を支援することはできません。子ども・若者が自分の人生に主体的に向き合うためには、ケアを必要とする家族へのサービスの見直しや新たな提供が不可欠なのです。『多機関・多職種連携によるヤングケアラー支援マニュアル』（有限責任監査法人トーマツ2022）にもあるように、主導権や責任を押しつけあわずに、すべての関係者が積極的に手をつなぎ、ヤングケアラーとその家族を支えるためのしくみを、学校だけではなくすべての関係者が自覚的に取り組むことが求められているのではないでしょうか。

**参考文献**

ADCS, ADASS, The Children's Society, Carers Trust, 2015, *No Wrong Doors: Working Together to Support Young Carers and Their Families: A Template for a Local Memorandum of Understanding between Statutory Directors of Children's and Adult Social Service.*

Carers Trust and The Children's Society, 2017a, *Introduction to Supporting Young Carers in Schools: A Step-by-Step Guide for Leaders, Teachers and Non-teaching Staff.*

Carers Trust and The Children's Society, 2017b, *Supporting Young Carers in Schools: A Step-by-step Guide for Leaders, Teachers and Non-teaching Staff.*

Carers Trust and The Children's Society, 2016, *Taking manageable steps to identify hidden young carers in schools- Good Practice example.*

Coram, 2018, *A Better Relationship with Learning An evaluation of the Young Carers in Schools Programme.*

Agnes Leu, Fabian Marc Pascal Berger, Malla Heino, Henk Herman Nap, Aurélie Untas, Licia Boccaletti, Feylyn Lewis, Daniel Phelps, Sara Santini, Barbara D'Amen, Marco Socci, Valentina Hlebec, Tatjana Rakar, Lennart Magnusson, Elizabeth Hanson and Saul Becker, 2022, The 2021 cross-national and comparative classification of in-country awareness and policy responses to 'young carers, *Journal of Youth Studies,* 26[5], pp619-636.

Joseph, Stephan, Joe Sempik, Agnes Leu, Saul Becker, 2020, Young Carers Research, Practice and Policy: An Overview and Critical Perspective on Possible Future Directions, in; *Adolescent Research Review,* 5, pp77-89.

斎藤真緒、2022、「イギリスのヤングケアラー支援」『総合社会福祉研究』52, pp45-48

福知栄子、1996「英国における教育ソーシャルワーカーの新たな役割」『岡山県

立大学保健福祉学部紀要』3[1], pp67-77.
髙橋賢充、2022「スクールソーシャルワーカー養成に関する現状と課題」『身延山大学仏教学部紀要』21, pp17-29.
有限責任監査法人トーマツ、2022『多機関・多職種連携によるヤングケアラー支援マニュアルーケアを担う子どもを地域で支えるため（2021年度子ども・子育て支援推進調査研究事業）』
三菱UFJリサーチ＆コンサルティング、2019「ヤングケアラーの実態に関する調査研究報告書」

**注釈**

1）詳細はLeu et al.（2022）を参照のこと。なお、日本語訳については、三菱UFJリサーチ＆コンサルティング（2019）「ヤングケアラーの実態に関する調査研究報告書」のpp61-62を参考にしました。
2）このプログラムの紹介の中には、筆者らが2023年２月16、このプログラム作成と運用にかかわっているHelen Leadbitter氏（Children's Society）に対して行ったインタビュー内容も反映されています。なお、プログラム全文はhttps://youngcarersinschools.com/ycis-guide/からダウンロードすることができます。また、澁谷智子氏が作成した「ヤングケアラー支援のページ」（https://youngcarer.sakura.ne.jp/information8.html）の中で、簡単な内容紹介がされています。
3）The Children's Societyは、1881年に設立された、子ども支援に取り組む慈善団体です。ヤングケアラーのほかに、子どもの性的搾取、子どもの権利とアドボカシー、貧困など、子どもに関する社会課題に取り組んでいます。毎年、イギリス全土のヤングケアラーが集結するYoung Carers Festivalの活動で有名です。フェスティバルについてはhttps://www.childrenssociety.org.uk/information/young-people/young-carers/festivalを参照のこと。
4）Carers Trustは、2012年に設立された、ヤングケアラーを含む、すべての世代のケアラー支援に取り組む慈善団体です。イギリス全土に、地域密着型でサービスを提供する120の拠点があります。定期的なケアラーの状況に関する調査や、啓発・政策提言だけではなく、個人対応あるいはグループ活動を通じた具体的なサービスも提供しています。
5）Ofstedは、1992年教育法改正に伴い、新たに設置された組織です。児童生徒の学力到達度、指導の質、児童生徒の態度や安全管理、校長のリーダーシップとマネジメントという項目について、４段階で評価が行われます。
6）イギリスの教育ソーシャルワーカーについては福知（1996）も参照のこと。

（立命館大学産業社会学部現代社会学科教授）

# おわりに

この度、執筆にあたり、たくさんの方々にご協力いただくことができました。執筆いただいた皆様には日頃の現場でお忙しい中、ご協力いただいたことに大変感謝しております。

私が現在執筆している2024年時点でも、ヤングケアラー・ケアラーにおける議論は、まだまだ模索段階です。今後もきっと、変遷していくでしょう。私は元ヤングケアラーでもあり、現役で姉や父へのケア役割を担う人生を送りながら生活しています。そのようなルーツがきっかけで、今日まで地元である栃木県を中心に啓発活動を行ってきました。啓発の中で、役割を期待されている県や市町村行政、教育事務所・学校現場、医療福祉支援機関、民生委員・児童主任員の方々とお話しする機会がたくさんありました。そこでは「普段の仕事の延長で何から始めるべきなのか」「啓発の先は、何をすればいいのか」「居場所を作ってもヤングケアラーが集まらない」「子育て世代とそもそも関わっていない」「現状の国の医療福祉制度内ではケアラーを十分に支援できる人材を配置できない」など様々な現場の苦労をお聞きしました。

そんな中で、栃木県内でもヤングケアラー支援に関心を持って取り組んでくださっている共同編著者の門田Drとの出会いがありました。現状について話し合う中で、日本全国で意欲的に取り組んで現場で役割を担う方々の声を集め発信して行くアイデアが出てきました。各地域の特性や性質は若干異なると思いますが、ヤングケアラー・ケアラーに関する施策の対象は人であり人が住まう地域ですので、全国的にも現場の方の視点や想い、模索してきたことは今後の貴重な財産になると考えています。

当事者として、この本を手に取っていただいた方にメッセージがあります。まず、関心を持っていただき、こうして最後まで読んでいただいたことに感謝申し上げます。そして、僭越ながら私からささやかなお願いがあります。どうか当事者性を尊重し、あなたが関わりたいと考えている身近なヤングケアラー・ケアラーとされる当事者とされる人たちの声を聞いてください。きっと千差万別かと思います。どの分野においても共通する話でもあると思いますが、人は向き合えば向き合う程多様で、似たような状況でも必ずしも同じ想いや決断をするとは限りません。それは「体験」が為す力で、それぞれのオリジナルのストーリーと人生しかあり得ません。だからこそ、あなたが関わろうとしている人と未来に関わるであろう人へ想いを馳せていただけたらと思います。私は、人の「主観」が大切であると発信しています。それは「想い」とも言えるし、「考え」とも言えるともいます。だから、有名な人が言っていること、客観的な数字と傾向、それが全てではありません。客観的なデータや結果が目の前の人に当てはまらないことも現場には多くあります。その先に、今回執筆いただいた皆様が日々、現場で模索する中で得ているこどもやご家庭に寄り添うヒントがあると私は改めて感じました。私も、未来の私が今と同じ考えをしているとは限らないでしょう。これからも、新たな価値観に触れこれまでの自分の価値観を疑いながら、ケアラーとして、作業療法士としての責務を全うして行きたいと思います。

今後、お会いすることがありましたら、未来に向けて一緒に考えて頂けたらありがたいです。

（仲田　海人）

# 著者紹介

**仲田　海人**：栃木県生まれ（30）。栃木県那須塩原市ケアラー協議会立ち上げメンバー。
栃木県ケアラー支援推進協議会委員。とちぎきょうだい会を運営。一般社団法人Roots4理事。
埼玉県立大学保健医療福祉学部作業療法学科卒業。小学校高学年のとき姉が不登校になり後に統合失調症を発症しきょうだいヤングケアラーとなる。精神科病院の勤務を経て小児発達外来の作業療法士として勤務。現在はフリーランス。
R３年10月に『ヤングでは終わらないヤングケアラー　～きょうだいケアラーのライフステージと葛藤～』を出版。
Mail：kaito_nakata014@yahoo.co.jp

**門田　行史**：北里大学医学部を卒業後（2002年）、小児科専門医、小児心身医学会認定医、小児神経専門医の資格を取得。沖縄の米海軍病院や自治医科大学での臨床経験を経て、ADHD脳機能研究で医学博士号を取得（2013年）。主に発達障がい児への支援に注力し、学校と医療機関をWEBでつなぐプロジェクトや、親子相互交流療法（PCIT）の大学院を設立。また、遠隔診療を利用した病児保育施設支援など、多様な専門家と協力して家族をまるごと支援する事業を展開している。今までの経験を活かし、2024年から自治体と、中央大学/自治医科大学/国際医療福祉大学/国際医療福祉大学病院/NPO法人カタリバ/子ども第三の居場所（Apple Base 等）を中心としたヤングケアラー重層支援拠点づくりを展開している。

**高山　恵子**：NPO法人えじそんくらぶ代表、臨床心理士

**持田　恭子**：一般財団法人ケアラーアクションネットワーク協会代表理事

**和田　果樹**：NPOカタリバ キッカケプログラム for ヤングケアラー
プロダクトマネージャー

**柴田　直也**：社会福祉法人　那須塩原市社会福祉協議会

松崎　美葉　東京都立田園調布特別支援学校　養護教諭

太田　千瑞　東京成徳大学非常勤講師　臨床心理士　東京都私立学校スクールカウンセラー　がっこうヨガ代表理事

安永　千里　東京学芸大学非常勤講師　social work office 木蔭代表　社会福祉士　産業カウンセラー

小林　岳　任意団体 Roots 4 代表　作業療法士、国際医療福祉大学病院勤務

吉成　和子　医療ソーシャルワーカー

河西　優　立命館大学衣笠総合研究機構人間科学研究所補助研究員
子ども・若者ケアラーの声を届けようプロジェクト（Young Carers Action Research Project：YCARP）発起人

湯浅　正太　一般社団法人Yukuri-te（ゆくりて）代表理事
イーズファミリークリニック本八幡　院長

原田　幸希　一般社団法人 Apple Base 理事

海老沼信行　佐野市こども福祉部家庭児童相談課ヤングケアラーコーディネーター　元小学校校長

小林　鮎奈　一般社団法人ヤングケアラー協会事務局長
看護師兼公認心理師

宮下　信吾　こども家庭庁支援局虐待防止対策課自治体支援係長

高瀬　堅吉　中央大学文学部教授
公認心理師、臨床発達心理士

斎藤　真緒　立命館大学産業社会学部現代社会学科教授

加茂登志子　一般社団法人日本PCIT研修センター長
若松町こころとひふのクリニック医師　精神科医

小椋　亮太　入間市教育委員会　指導主事

**ヤングケアラーの理解と支援**

**〜見つける・理解する・知ってもらう〜**

2024年3月29日　初版第1刷発行

編著者代表——仲田海人

編　著　者——門田行史

発　行　者——鈴木宣昭

発　行　所——学事出版株式会社

〒101-0051 東京都千代田区神田神保町1-2-5

電話 03-3518-9655

https://wwwgakuji.co.jp

編集担当　（株）大学図書出版

装丁　松井里美（研友社印刷株式会社）

印刷・製本　研友社印刷株式会社





ISBN978-4-7619-3001-1　C3037